1. Auflage. 1986

*ISBN 3-403-0**1695**-1*

Erarbeitet von
Andreas Baur,
Johannes Bongers,
Wilhelm Plöger

Grafisches Konzept
und Titelentwurf
Gerd Meussen

Grafische Gestaltung
Hermann Künert

Bildredaktion
Anne Meussen

Gesamtherstellung:
Ludwig Auer GmbH, Donauwörth

Mit Druckerlaubnis des
Hochwürdigsten Herrn Bischofs von Augsburg,
Dr. Josef Stimpfle,
vom 21. Januar 1986

Mein Glaubensbuch

Auf dem Weg mit Gott

BISCHOF
Dr. FRANZ HENGSBACH
zum 75. Geburtstag

BISCHOF
Dr. JOSEF STIMPFLE
zum 70. Geburtstag

als Lehrern des Glaubens gewidmet

Wo steht was in meinem Glaubensbuch?

BLUFF
NEW ZEALAND
AA
NEW YORK
SYDNEY

Ein Wort voraus

Hallo,
Guten Tag,
Grüß Gott,

es gibt viele schöne und spannende Bücher. Manche hast du rasch ausgelesen. Manche nimmst du öfter zur Hand. In diesem Buch kannst du immer wieder lesen.
Es enthält die frohmachende Botschaft von Jesus Christus. Es will dir helfen, mit Gott zu leben. Es berichtet von dem Glauben, von der Hoffnung und der Liebe, die Gott uns schenkt. Es will dir Wege zeigen, die du im Glauben an Jesus Christus gehen kannst.

Das Buch enthält Bilder, Lieder und Texte. Sie alle reden von unserem Glauben und unserem Leben. Vor allem berichtet das Buch von Jesus Christus und seiner Kirche.

Du kannst die Bilder betrachten; du kannst dich von den Texten anregen lassen und darüber nachdenken. Du kannst mit deinen Eltern, Lehrern und Freunden über alles reden, was in diesem Buch steht. Das Buch kann dir helfen bei der Vorbereitung auf Beichte, Kommunion und Firmung.

In diesem Buch findest du Gebete, die dir helfen sollen, mit Gott zu sprechen. Manche Worte, Gebete und Lieder sollen dir ein bleibender Besitz werden

Die Verfasser wünschen dir mit diesem Buch viel Freude. Es berichtet von dem Glauben, der uns Christen froh macht:

Gott ist da und liebt uns!

Der wiederkehrende Christus (Hitda-Kodex, um 1020)

Das Apostolische Glaubensbekenntnis

**Ich glaube an Gott, den Vater, den Allmächtigen,
den Schöpfer des Himmels und der Erde,
und an Jesus Christus, seinen eingeborenen Sohn, unseren Herrn,
empfangen durch den Heiligen Geist, geboren von der Jungfrau Maria,
gelitten unter Pontius Pilatus, gekreuzigt,
gestorben und begraben,
hinabgestiegen in das Reich des Todes,
am dritten Tage auferstanden von den Toten,
aufgefahren in den Himmel; er sitzt zur Rechten Gottes,
des allmächtigen Vaters;
von dort wird er kommen,
zu richten die Lebenden und die Toten.
Ich glaube an den Heiligen Geist,
die heilige katholische Kirche, Gemeinschaft der Heiligen,
Vergebung der Sünden,
Auferstehung der Toten und das ewige Leben.
Amen.**

Zum Glaubensbekenntnis der Kirche

- Gott hat uns das Leben geschenkt; dafür danken wir ihm.
- Gott hat uns die Erde geschenkt, auf der wir leben; dafür danken wir ihm.
- Eltern und Geschwister, Verwandte, Bekannte und Freunde begleiten unser Leben; dafür danken wir Gott.
- Krankheit, Unglück und Not bedrohen und treffen uns, aber Gott läßt uns nicht allein; dafür danken wir ihm.

Wir glauben:
**Gott ist
unser Schöpfer,
ihm gehören wir,
durch ihn leben wir,
zu ihm
sind wir unterwegs.**

Wir glauben an Gott, dem wir für alles danken.
Wir hoffen auf Gott, der uns hält und nie verläßt.
Wir lieben Gott und die Menschen, weil Gott auch uns und alle Menschen liebt.

*O mein Gott,
ich glaube an dich,
laß mich fester glauben;
ich hoffe auf dich,
laß mich sicherer hoffen;
ich liebe dich,
laß mich inniger lieben.*

GOTT WILL MIT UNS SEIN

1. Gott, unser Schöpfer und Vater

Gott

hat die Welt erschaffen

Immer schon haben die Menschen über die Welt und alles, was in ihr ist, gestaunt. Sie haben das Licht und die Wärme der Sonne für göttliche Kräfte gehalten. Sie haben Sterne und Tiere, Mächte und Gewalten der Natur als Gottheiten verehrt. Sie haben auch ihre Könige für gottgleich gehalten.
Aber all das ist nicht Gott. Nichts in der Welt ist Gott.

Die Welt ist einmal nicht gewesen. Sie selbst und alles in ihr hat einen Anfang. Vor dem Anfang aber ist Gott: von Ewigkeit zu Ewigkeit.

Die Menschen der Bibel glaubten und bekannten: Derselbe Gott, der uns aus der Knechtschaft in Ägypten befreit hat, ist auch der Schöpfer der Welt. Von ihm kommt alles. Er gibt allem Ordnung und Gedeihen. Er segnet Menschen und Tiere. Den Menschen gab er den Auftrag, die Erde zu bebauen und zu hüten.

Wir bekennen mit der Bibel:

Im Anfang schuf Gott Himmel und Erde.

Im Bild einer Arbeitswoche wird dargestellt, daß Gott die Welt und alles, was in ihr ist, erschaffen hat.

Im 1. Mosebuch heißt es:

Die Erde war wüst und wirr, Finsternis lag über der Urflut, und Gottes Geist schwebte über dem Wasser. Gott sprach: Es werde Licht. Und es wurde Licht. Gott sah, daß das Licht gut war. Gott schied das Licht von der Finsternis; und Gott nannte das Licht *Tag,* und die Finsternis nannte er *Nacht.* Es wurde Abend, und es wurde Morgen:
erster Tag

Dann sprach Gott: Ein Gewölbe entstehe mitten im Wasser und scheide Wasser von Wasser. Gott machte also das Gewölbe und schied das Wasser unterhalb des Gewölbes vom Wasser oberhalb des Gewölbes. So geschah es, und Gott nannte das Gewölbe *Himmel.* Es wurde Abend, und es wurde Morgen:
zweiter Tag

Dann sprach Gott: Das Wasser unterhalb des Himmels sammle sich an einem Ort, damit das Trockene sichtbar werde. So geschah es. Das Trockene nannte Gott *Land*, und das angesammelte Wasser nannte er *Meer.* Dann sprach Gott: Das Land lasse junges Grün wachsen, alle Arten von Pflanzen und von Bäumen. So geschah es. Gott sah, daß es gut war. Es wurde Abend, und es wurde Morgen:
dritter Tag

Dann sprach Gott: Lichter sollen am Himmelsgewölbe sein, um Tag und Nacht zu scheiden. So geschah es. Gott machte die beiden großen *Lichter,* das größere, das über den Tag herrscht, das kleinere, das über die Nacht herrscht, auch die *Sterne.* Gott sah, daß es gut war. Es wurde Abend, und es wurde Morgen:
vierter Tag

Dann sprach Gott: Das Wasser wimmle von *lebenden Wesen,* und *Vögel* sollen über dem Land am Himmelsgewölbe dahinfliegen. Gott sah, daß es gut war. Gott segnete sie und sprach:
Seid fruchtbar und vermehrt euch, und bevölkert das Wasser im Meer, und die Vögel sollen sich auf dem Land vermehren. Es wurde Abend, und es wurde Morgen:
fünfter Tag

Dann sprach Gott: Das Land bringe alle Arten von lebendigen Wesen hervor, von Vieh, von Kriechtieren und von *Tieren* des Feldes. So geschah es. Gott sah, daß es gut war. Dann sprach Gott: Laßt uns *Menschen* machen als unser Abbild, uns ähnlich. Sie sollen herrschen über die Fische des Meeres, über die Vögel des Himmels, über das Vieh, über die ganze Erde. Gott schuf also den Menschen als sein Abbild; als Abbild Gottes schuf er ihn. Als Mann und Frau schuf er sie. Gott sah alles an, was er gemacht hatte: Es war sehr gut. Es wurde Abend und es wurde Morgen:
der sechste Tag

Am siebten Tag vollendete Gott das Werk, das er geschaffen hatte, und er ruhte am siebten Tag, nachdem er sein ganzes Werk vollbracht hatte. Und Gott segnete den siebten Tag und erklärt ihn für *heilig.*

Wir Christen bekennen:

**Ich glaube an Gott, den Vater,
den Allmächtigen,
den Schöpfer des Himmels und der Erde.**

Wissenschaftler haben die Gesetze der Natur erforscht. Sie können vieles über das Werden der Welt und ihr Alter sagen. Aber sie können nicht erklären, woher die Welt kommt und warum es sie gibt.
Manche Menschen behaupten: Es ist alles Zufall.

Wir Christen aber sagen:
Die Welt ist nicht zufällig entstanden.
Gott hat die Welt erschaffen.
Er trägt sie.
Er trägt auch uns.
Wir sind in seinen Händen.

Gott hat die Menschen erschaffen

Schon immer haben die Menschen gefragt:
- **Woher kommen wir?**
- **Wer sind wir?**
- **Wohin gehen wir?**

Die Heilige Schrift sagt uns: Gott hat den Menschen erschaffen. Er ist Abbild Gottes.
Das ist seine höchste Würde. Gott ist der gemeinsame Vater aller Menschen.
Wir kommen von Gott und sind zu ihm unterwegs.
Er liebt uns und alle Menschen.
So sind wir alle vor Gott Brüder und Schwestern.

Ich danke dir,
daß du mich so wunderbar
gestaltet hast.
Ich weiß: Staunenswert
sind deine Werke.

Ps 139,14

→ Christen leben in der Welt, S. 173

Der Mensch lebt und be-
stehet
nur eine kleine Zeit,
und alle Welt vergehet
mit ihrer Herrlichkeit.
Es ist nur einer ewig
und an allen Enden,
und wir in seinen Händen.

Matthias Claudius

→ 11. Wir bleiben in Gottes Hand, S. 185

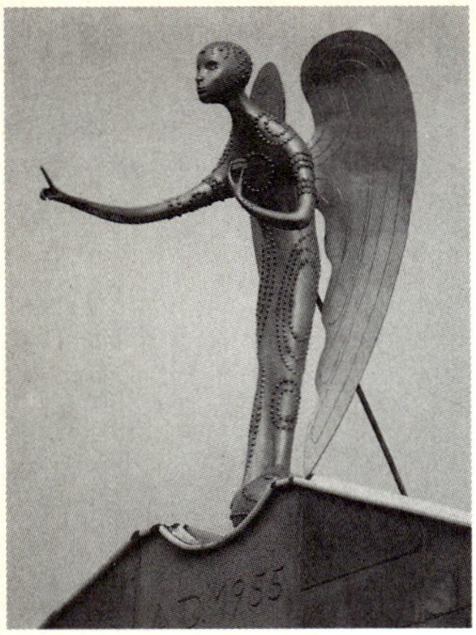

Verkündigungsengel
(Bischofshaus Essen,
Mataré 1956)

Gott hat die Engel erschaffen

Gott hat nicht nur die sichtbare Welt erschaffen, sondern auch geistige Wesen, nämlich die Engel.
Die Engel beten Gott an, lieben ihn und erfüllen seine Aufträge.
Die Heilige Schrift berichtet von Engeln als Boten Gottes. Sie bringen Gottes Wort zu den Menschen. Sie stehen ihnen bei in Not und Gefahr und begleiten sie auf ihren Wegen. Das Buch Tobit (im Alten Testament) schildert, wie der Erzengel Rafael den jungen Tobias beschützt. Der Evangelist Lukas berichtet (im Neuen Testament), wie der Erzengel Gabriel Maria die Botschaft bringt, daß sie die Mutter des Erlösers werden soll.

→ Mariä Verkündigung, S. 95–96

Gott sendet seine Engel zu unserem Schutz. Wir nennen den Engel, der uns zur Seite steht, Schutzengel. Schutzengel beschützen uns an Leib und Seele; sie beten für uns und ermahnen uns zum Guten.

Beschützender Engel
(Mainz, Marc Chagall)

*Heiliger Schutzengel mein,
laß mich
dir empfohlen sein,
in allen Nöten
steh mir bei
und halte mich
von Sünden frei.
An diesem Tag,
ich bitte dich,
beschütze
und bewahre mich.
Amen.*

*O Engel rein,
o Schützer mein,
du Führer meiner Seele,
laß mich
dir anempfohlen sein,
daß ich vor Gott
nicht fehle.*

*Ihr Engelchöre
voller Macht,
die ihr habt treulich
auf uns acht:
Helft uns
in diesem Erdental,
daß wir durch Gottes
Gnad' und Wahl
zum Himmel kommen
allzumal.*

Gotteslob 608

2. Lobe den Herren, der alles so herrlich regieret, / der dich auf Adelers Fittichen sicher geführet, / der dich erhält, / wie es dir selber gefällt. / Hast du nicht dieses verspüret?
3. Lobe den Herren, der künstlich und fein dich bereitet, / der dir Gesundheit verliehen, dich freundlich geleitet. / In wieviel Not / hat nicht der gnädige Gott / über dir Flügel gebreitet!
4. Lobe den Herren, was in mir ist, lobe den Namen. / Lob ihn mit allen, die seine Verheißung bekamen. / Er ist dein Licht; / Seele, vergiß es ja nicht. / Lob ihn in Ewigkeit. Amen.

T: Joachim Neander 1680
M: Stralsund 1665 / Halle 1741

Gott wendet sich den Menschen zu

In den Büchern des Alten Testaments wird von den Erfahrungen berichtet, die das Volk Israel mit Gott gemacht hat. Ihm hat sich Gott in vielfältiger Weise geoffenbart:

- **Gott berief Abraham, den Vater des Volkes Israel, den Vater unseres Glaubens.**
- **Gott sandte Mose, den Befreier und Gesetzgeber seines Volkes.**
- **Gott erweckte Propheten und Lehrer, die Gottes Wort verkündeten.**

Gott ruft Abraham

Vor ungefähr 3500 Jahren lebte Abraham im Zweistromland von Eufrat und Tigris. Damals hatten die Menschen in Mesopotamien und in Ländern des Nahen Ostens bereits große Städte gegründet. Sie hatten Tempel und Paläste errichtet, das Land bewässert und bebaut. Sie machten viele Erfindungen. So lernten sie auch, auf Stein, Ton und Pergament zu schreiben.

Als Götter verehrten sie Sonne, Mond und Sterne und viele andere Mächte und Kräfte in der Welt. Sie erhofften von ihnen Nahrung und Fruchtbarkeit, Glück und langes Leben.

Darum brachten sie ihnen Opfer dar, beteten zu ihnen, sangen ihnen Lieder und feierten Feste zu ihrer Ehre.
Da machte Gott mit Abraham einen neuen Anfang.

Gott sprach zu ihm:
Zieh weg aus deinem Land,
von deiner Verwandtschaft und aus deinem Vaterhaus in das Land, das ich dir zeigen werde.
Ich werde dich zu einem großen Volk machen, dich segnen und deinen Namen groß machen.
Ein Segen sollst du sein.
Durch dich sollen alle Geschlechter der Erde Segen erlangen.
Da zog Abraham weg, wie der Herr ihm gesagt hatte.

Gen 12,1–4

Warum zog Abraham weg?
Wohin zog Abraham?
Was hatte ihm Gott verheißen?

Aufgrund des Glaubens
gehorchte Abraham dem Ruf, wegzuziehen,
in ein Land, das er zum Erbe erhalten sollte;
und er zog weg,
ohne zu wissen, wohin er kommen würde.
Hebr 11,8

Verheißung an Abraham (Büder)

Gott führte Abraham des Nachts hinaus und sprach:
Sieh doch zum Himmel hinauf, und zähl die Sterne,
wenn du sie zählen kannst.
Und er sprach zu ihm:
So zahlreich werden deine Nachkommen sein.
Gen 15,5

Abraham ist unser aller Vater vor Gott, dem er geglaubt hat; vor Gott, der die Toten lebendig macht und das, was nicht ist, ins Dasein ruft.
Vgl. Röm 4,17–18

Gott ruft uns wie Abraham.
Wir sind unterwegs wie Abraham, solange wir leben.
Wir sollen glauben und gehorchen wie Abraham.
Im Glauben sind wir Söhne und Töchter Abrahams, Kinder Gottes.

Gott rettet Israel

Zu einem großen Volk wurden die Kinder Abrahams erst in Ägypten. Doch dort wurden sie unterdrückt und mußten Sklavenarbeit leisten. Da sandte ihnen Gott einen Retter. Der hieß Mose. Gott berief Mose an einem brennenden Dornbusch in der Wüste. Mose und sein Bruder Aaron führten das Volk Israel aus Ägypten in die Freiheit. Es war ein langer und mühevoller Weg. Das Volk wurde unzufrieden. Es gab den Anführern die Schuld und lehnte sich gegen Gott auf. Gott aber blieb seinem Volk treu. Er schloß am Berg Sinai durch Mose mit seinem Volk einen Bund. Er machte es zu seinem königlichen Volk, das sein besonderes Eigentum unter allen Völkern war. Dazu gab er ihm die Zehn Gebote. Vgl. Ex 19,4–6

→ Zehn Gebote, S. 119–121

Für die Israeliten war dieser Bund Gottes mit den Menschen und die Errettung aus der Knechtschaft das wichtigste Ereignis. Sie feierten die große Tat Gottes und bekannten:

Gott rettet sein Volk

Ex 19,4–6

Mose am Sinai
(Thomas Zacharias)

In der Heiligen Schrift wird den Israeliten gesagt:

**Du aber sollst vor dem Herrn, deinem Gott, folgendes Bekenntnis ablegen:
Mein Vater war ein heimatloser Aramäer.
Er zog nach Ägypten, lebte dort als Fremder mit wenigen Leuten und wurde dort zu einem großen, mächtigen und zahlreichen Volk. Die Ägypter behandelten uns schlecht, machten uns rechtlos und legten uns harte Fronarbeit auf.**

Wir schrien zum Herrn, dem Gott unserer Väter, und der Herr hörte unser Schreien und sah unsere Rechtlosigkeit, unsere Arbeitslast und unsere Bedrängnis. Der Herr führte uns mit starker Hand und hoch erhobenem Arm, unter großem Schrecken, unter Zeichen und Wundern aus Ägypten, er brachte uns an diese Stätte und gab uns dieses Land, in dem Milch und Honig fließen.
Dtn 26,5–8

Wir Christen wissen:

- Gott will uns Menschen retten und von der Sünde befreien.
- Er will alle Völker zum neuen Volk Gottes machen.
- Er hat uns einen neuen und größeren Mose gesandt:
Jesus Christus, Gottes eingeborenen Sohn.

Der Apostel Petrus sagt:

Ihr seid ein auserwähltes Geschlecht, eine königliche Priesterschaft, ein heiliger Stamm, ein Volk, das sein besonderes Eigentum wurde. Vgl. 1 Petr 2,4 f. 9

Gott liebt sein Volk

Die wichtigste Erfahrung des jüdischen Volkes war: Gott, der Herr, liebt sein Volk. Er ist den Menschen zugetan. Darum sollen auch die Menschen Gott lieben und seinen Weisungen folgen. Das bringt ihnen **Leben,** Freude und Frieden. Ungehorsam dagegen bringt Unfrieden, Leid und **Tod.**

In einer Predigt sagt Mose dem Volk:

Wenn du auf die Gebote des Herrn, deines Gottes, hörst,
indem du den Herrn, deinen Gott, liebst,
auf seinen Wegen gehst und auf seine Gebote achtest,
dann wirst du leben, und der Herr, dein Gott, wird dich segnen.
Liebe den Herrn, deinen Gott,
hör auf seine Stimme,
und halte dich an ihm fest:
denn er ist dein Leben.

aus Dtn 30,16.20

Die Menschen wenden sich von Gott ab

Sündenfall
(Buchmalerei, 12. Jahrhundert)

Gott liebt alle Menschen. Aber trotzdem ist Unheil in der Welt. Woher kommt es?

**Die Heilige Schrift antwortet:
Es kommt durch die Sünde der Menschen. Die Menschen wurden Gott untreu. Sie brachen den Bund, den er mit ihnen geschlossen hatte. Dies erzählt die Heilige Schrift in den Geschichten von:**

- **Adam und Eva,**
- **Kain und Abel,**
- **Noach und der Sintflut,**
- **dem Turmbau zu Babel.**

**Dennoch liebt Gott die Menschen und verläßt sie nicht.
Im Vierten Hochgebet der Kirche heißt es:**

Als er (der Mensch) im Ungehorsam deine Freundschaft verlor und der Macht des Todes verfiel, hast du ihn dennoch nicht verlassen, sondern voll Erbarmen allen geholfen, dich zu suchen und zu finden.

Gotteslob 369

Adam und Eva wollten wie Gott sein

Wie Gott sein – das möchten die Menschen gern.
Aber nie werden wir alles wissen, nie alles können, nie alles dürfen.

Wir können nicht selber bestimmen, was gut ist, wir können es nur erkennen und tun.
Wir können nicht selber bestimmen, was böse ist, wir können es nur erkennen und meiden.

*Herr, hilf uns, Gutes und Böses zu unterscheiden;
laß uns das Gute wählen und tun!
Herr, du allein bist der Allwissende und der Allmächtige,
du allein bist gut.
Dir vertrauen wir uns an.*

Kain erschlug aus Neid seinen Bruder Abel

Herr, wir sollen die Hüter unserer Brüder und Schwestern sein. Du hast sie uns anvertraut. Laß nicht Neid und Haß in unseren Herzen mächtig werden.

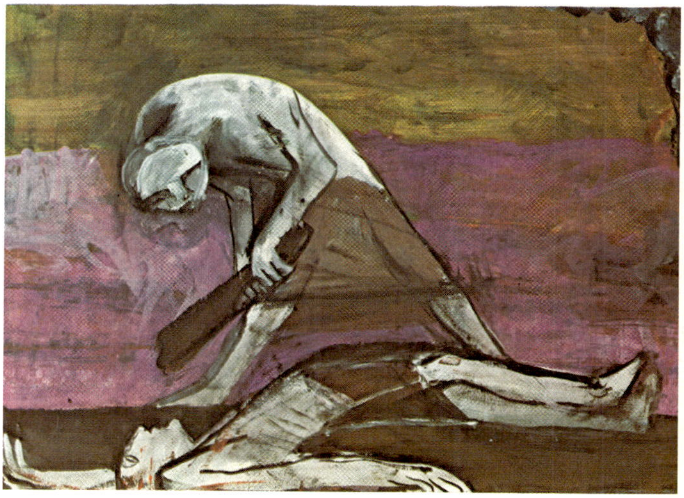

Kain und Abel
(Büder)

Noach und die Taube
(Marcks)

Noach war ein gerechter Mann

Darum rettete Gott ihn aus der Sintflut.

Herr, du bist gerecht und gütig.
Du willst Friede und Freude unter den Menschen.
Unrecht und Schlechtigkeit sind dir verhaßt.
Laß uns gerecht und untadelig leben unter den Menschen und ihnen Frieden und Freude bringen.

Die Menschen bauten aus Überheblichkeit den Turm zu Babel

Babel heißt Wirrsal, denn sie verstanden einander nicht mehr. Wenn die Menschen sich nicht verstehen, fällt alles auseinander. Das ist so in der Familie, unter Freunden und auch im Zusammenleben der Völker und Staaten.

Herr, auch heute verstehen die Menschen einander oft nicht; weil sie stolz und überheblich sind. Sie tun sich zusammen gegen andere und schaffen Unfrieden.
Herr, laß uns einander verstehen und in Frieden miteinander leben.

Turmbau
(Seewald)

Es ist dir gesagt worden, Mensch, was gut ist,
und was der Herr von dir erwartet:
Nichts anderes als dies:
Recht tun, Güte und Treue lieben,
in Ehrfurcht den Weg gehen mit deinem Gott.

Micha 6,8

Gott läßt die Menschen nicht allein

In den Erzählungen von Adam und Eva, von Kain und Abel, von Noach und der Sintflut und vom Turmbau zu Babel bezeugt die Bibel:

Die Menschen verfielen der Macht des Bösen.
Sie sind ihrer ursprünglichen Berufung nicht treu geblieben.
Sie verloren die Freundschaft mit Gott.

Von Anfang an geriet die ganze Welt immer mehr unter die Macht des Bösen. Wie eine böse Erbschaft geht die Sünde durch die Welt. Sie hat die Menschen tief verwundet und ihnen die Gnade Gottes geraubt **(Erbsünde, Erbschuld).** Die Welt ist erlösungsbedürftig.
Gott aber hat den Menschen seine Liebe nicht entzogen:

Er hat mit **Abraham** einen neuen Anfang des Heils für die Menschen gemacht.
Er hat durch **Mose** einen Bund mit dem Volk Israel geschlossen.

Er hat in **Jesus Christus** seinen eigenen Sohn als Erlöser der ganzen Menschheit gesandt.

Wir dürfen im Neuen Bund leben.
Jesus Christus ist für uns am Kreuz gestorben. Er ist die Sühne für die Sünde der Welt (Röm 3,25).
Durch ihn führt Gott, unser Vater, alle Menschen zusammen im Heiligen Geist.

Es gibt viel Leid in der Welt

Hunger und Krankheit in der Welt besiegen, Frieden mit allen Menschen halten – warum schaffen das die Menschen nicht?

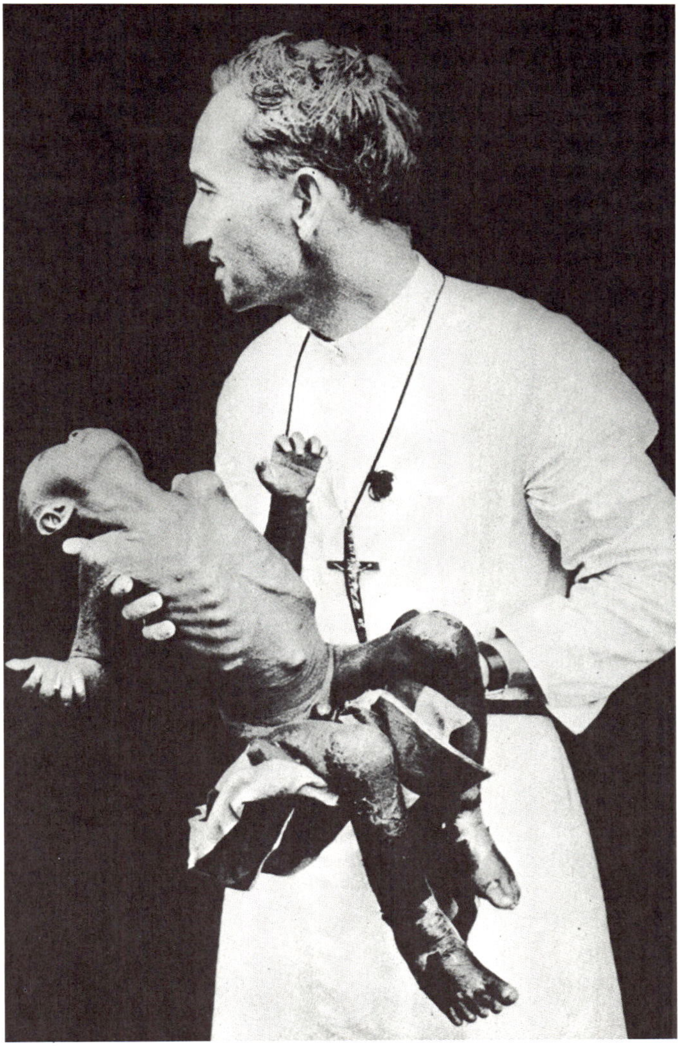

Es gibt viel Schmerz und Leid bei Menschen und Tieren. Die Menschen fügen einander Böses zu. Hunger, Krankheit, Angst und Krieg suchen sie heim. Am Ende steht der Tod. Viele Menschen sagen: Wenn es einen Gott gibt, warum läßt er zu,

- daß jeden Tag Menschen verhungern?
- daß die Menschen einander töten?
- daß Menschen durch Krankheiten und Not leiden müssen?
- daß Menschen Angst haben vor Krieg und Unglück?

Wer kann das alles verstehen? Für uns Menschen ist es schwer, den Sinn des Leidens zu begreifen. Immer wird es ein Geheimnis bleiben. Es gibt Leid in der Welt, das durch Menschen verursacht wird. Es entsteht durch Unachtsamkeit, Lieblosigkeit, Haß und Neid. Alle Menschen müssen daran mitarbeiten, daß solches Leid überwunden wird und seine Ursachen beseitigt werden.

Manches Leid kann kein Mensch verhindern, z. B. Naturkatastrophen oder unheilbare Krankheiten. Wir sind als Christen verpflichtet, Leid durch helfende Taten zu mildern.

Den Menschen bleibt Leid in der Welt nicht erspart. Wir erkennen daran, daß Gottes Liebe andere Wege geht, als wir Menschen sie gewohnt sind. Wir glauben an seine Liebe:

Wir wissen, daß Gott bei denen, die ihn lieben, alles zum Guten führt.

Röm 8,28

Gott will alle Menschen zum Heil führen

„Christus hat den Menschen gelehrt, durch das Leiden Gutes zu wirken und dem Gutes zu tun, der leidet.“

Papst Johannes Paul II.

Erzengel Michael:
„Wer ist wie Gott?“
(Mazedonische Ikone)

Es gibt das Böse in der Welt

Es gibt den bösen Geist in der Welt. Das ist ein dunkles Geheimnis. Die Bibel berichtet, daß sich Engel von Gott, ihrem Schöpfer, abgewandt haben. Sie sind eigensüchtig und lieblos geworden und wirken Böses in der Welt. Wir können sie nicht erkennen und nicht begreifen.

Die Heilige Schrift spricht von den Teufeln und nennt ihr Oberhaupt Beelzebul oder Satan. Sie warnt vor diesen bösen Mächten. Überall können sie wirken; sie versuchen, uns zu verderben.

Im 1. Petrusbrief steht:

Brüder, seid nüchtern und wachsam! Euer Widersacher, der Teufel, geht wie ein brüllender Löwe umher und sucht, wen er verschlingen kann. Leistet ihm Widerstand in der Kraft des Glaubens!

1 Petr 5,8

Die Heilige Schrift sagt von Jesus, dem Sohn Gottes:

Der Sohn Gottes ist erschienen,
um die Werke des Teufels zu zerstören.

1 Joh 3,8

Der Apostel Paulus betrachtet in seinem Brief an die Römer das Leid und das Böse in der Welt und bekennt:

Ich bin gewiß:
Weder Tod noch Leben,
weder Engel noch Mächte,
weder Gegenwärtiges noch Zukünftiges,
weder Gewalten der Höhe oder Tiefe
noch irgendeine andere Kreatur
können uns scheiden von der Liebe Gottes,
die in Jesus Christus ist, unserem Herrn.

Röm 8,38–39

Gott hat sich geoffenbart

Immer schon hat Gott sich den Menschen zu erkennen gegeben. Er offenbart sich ihnen in den Werken seiner Schöpfung. Er spricht zu ihnen durch die Stimme des Gewissens. Vor allem aber hat sich Gott geoffenbart durch die Propheten und Lehrer in seinem Volk Israel. Zuletzt sandte er uns Jesus Christus, seinen Sohn.

Das Volk Israel faßt die Offenbarung Gottes an die Menschen zusammen in dem Satz:

Gott ist unser Vater

Diese frohe Botschaft ist gewachsen aus vielen Erfahrungen:

- **Gott hat uns durch Abraham zu seinem Volk erwählt.**
- **Gott hat uns aus der Sklaverei in Ägypten herausgeführt in das Land, das er unseren Vätern verheißen hatte.**
- **Gott hat uns durch Mose seine Gebote gegeben, die für uns Licht und Weg sind.**
- **Gott hat seinen Bund mit uns geschlossen.**
- **Gott sprach: Ich will euer Gott sein, und ihr sollt mein Volk sein.**
- **Gott ist der Schöpfer der ganzen Welt und der Vater aller Menschen.**

Im Volk Israel und bei uns Christen gilt als Hauptgebot:

Höre, Israel!
Der Herr, unser Gott, der Herr ist einzig.
Darum sollst du den Herrn, deinen Gott, lieben mit ganzem Herzen, mit ganzer Seele und mit ganzer Kraft.

Dtn 6,4–5

Ein Heiliger
der Gottesliebe:
Augustinus aus Tagaste in Nordafrika
geboren 354,
gestorben 430;
Gedenktag: 28. August

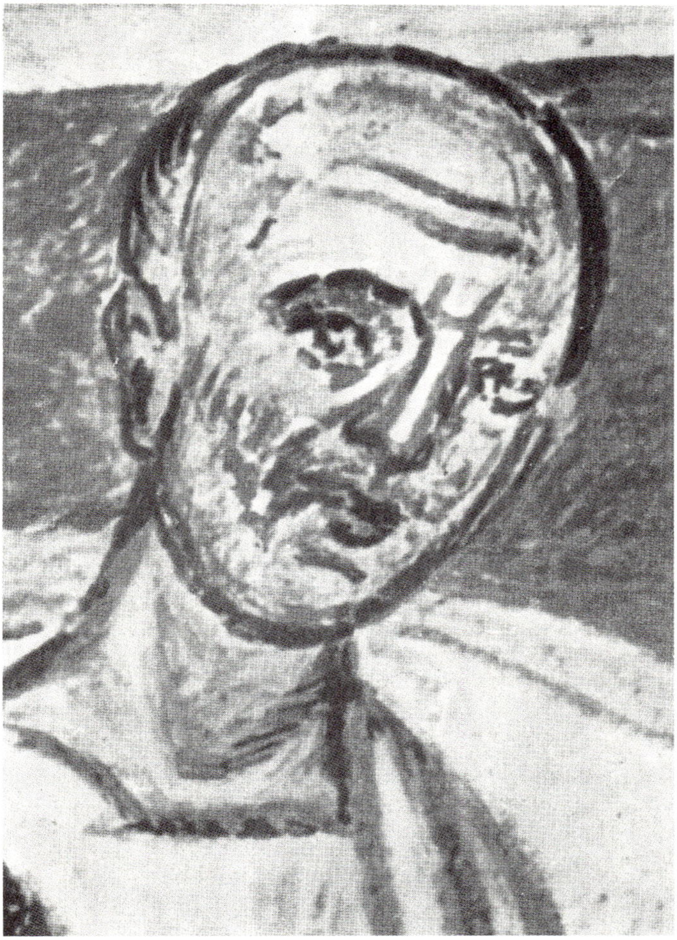

Augustinus war Lehrer in Rom und Mailand. Er bekehrte sich nach einer unruhigen Jugend erst 380 in Mailand bei Bischof Ambrosius. Später wurde er selber Priester und Bischof in Hippo in Nordafrika. In den 34 Jahren seines bischöflichen Dienstes war er ein unermüdlicher Seelsorger. Er ist zugleich einer der größten Gottesgelehrten der Kirche. Seine Predigten und Schriften sind bis heute von großer Bedeutung. Dazu gehören seine „Bekenntnisse", in denen er vor Gott sein Leben bedenkt.

Du hast uns, Herr,
für dich erschaffen,
und unser Herz ist
unruhig,
bis es ruht in dir.

2. Jesus Christus, unser Herr

Wer ist Jesus Christus?

Wir Christen glauben:
Der ewige Gott
ist unser Vater.
Das lehrt uns
Jesus Christus.
Er ist der
eingeborene Sohn Gottes.
Durch ihn haben wir
gelernt,
zu Gott
„Vater unser“ zu sagen.

Vor bald 2000 Jahren verkündete Jesus die Frohe Botschaft. Er sammelte seine ersten Jünger um sich. Aus ihnen wählte er zwölf Männer aus, die Apostel. Sie verbreiteten nach seinem Tod und seiner Auferstehung die Frohe Botschaft von Gott, dem Vater, und seinem Sohn Jesus Christus. Viele glaubten und ließen sich taufen. Man nannte sie Christen.

So nahm der christliche Glaube seinen Anfang. Auch heute lebt dieser Glaube aus der Kraft Jesu Christi, des auferstandenen Herrn.

Unser Glaube hat in Jesus Christus seinen Anfang, seine Mitte und sein Ziel.

Die Grundurkunde unseres Glaubens ist die Heilige Schrift, die Bibel. Sie besteht aus dem Alten und Neuen Testament. Das Alte Testament bezeugt die Geschichte des Volkes Israel mit Gott. Es enthält 46 einzelne Schriften.
Die Kirche hat es von den Juden übernommen.

Die Jünger Jesu und die Urkirche haben Leben, Worte und Taten Jesu Christi in den Schriften des Neuen Testamentes festgehalten.

Das Neue Testament enthält 27 Schriften:
- die vier Evangelien nach Matthäus, Markus, Lukas und Johannes,
- die Apostelgeschichte,
- die 21 Briefe der Apostel,
- die Offenbarung des Johannes.

Die Heilige Schrift enthält das Wort Gottes an uns Menschen. Sie ist niedergeschrieben unter dem Antrieb Gottes, des Heiligen Geistes.

Die Leute, denen Jesus in seinem Erdenleben begegnete, fragten oft: Wer ist denn dieser? Denn was Jesus sagte und tat, war ungewöhnlich und übertraf ihre Erwartungen. Und so gerieten sie über ihn in Streit.

Die Menschen aber, die zum Glauben an Jesus kamen, erkannten ihn als den erwarteten Christus, als den Sohn Gottes, als den Herrn.

Wir Christen bekennen:

Jesus ist der Christus.

Das Wort „Christus" bedeutet: „der Gesalbte", „der Messias". Im Alten Bund wurden Könige und Priester gesalbt. Auf einen unvergleichlichen König und Priester – den Messias – warteten viele im Volk Israel.

Die Kirche bekennt:

Jesus ist der Christus, der erwartete Messias, der Sohn des lebendigen Gottes. Er ist der Erlöser der Welt.

Jesus ist der Sohn Gottes.

Das Wort „Sohn" bedeutet: Gott ist in Wahrheit sein Vater.
Durch Jesus Christus lernen wir den Vater kennen.
Jesus selber sagt über sich:

Niemand kennt den Sohn, nur der Vater,
und niemand kennt den Vater, nur der Sohn
und der, dem es der Sohn offenbaren will.

Mt 11,27

Jesus Christus ist der Herr.

Das Wort „Herr" bedeutet hier so viel wie „Gott, der Herr".
So nannten ihn schon die ersten Christen.

Der Apostel Paulus sagt von ihm:

Gott hat ihn über alle erhöht
und ihm den Namen verliehen,
der größer ist als alle Namen,
damit alle im Himmel, auf der Erde
und unter der Erde
ihre Knie beugen vor dem Namen Jesu
und jeder Mund bekennt:
„Jesus Christus ist der Herr".

Phil 2,9–11

Wir bekennen von Jesus:
Er ist Gott und Mensch zugleich.
Er ist Mensch geworden aus Maria, der Jungfrau.

Er hat unter uns gelebt und ist in allem uns gleich, außer der Sünde.
Er lehrt uns Gott kennen und lieben.

Wir glauben und bekennen:

Jesus Christus ist der Sohn Gottes, unser Herr.

Wir sollen sein Wort gläubig hören und ihm nachfolgen in der Liebe zu Gott und den Menschen.

→ Die Sakramente der Kirche, S. 82
→ Wir leben vor Gott, S. 109
→ Wir feiern die heilige Messe, S. 131
→ Christen leben in der Welt, S. 173

Wir begegnen Jesus Christus

- **in seinem Wort und in den Sakramenten der Kirche,**
- **in besonderer Weise in der Eucharistie,**
- **im gläubigen Leben der Christen,**
- **in der tätigen Liebe zu den Mitmenschen.**

Jesus kommt als Erlöser in die Welt

An Weihnachten feiern wir die Geburt Jesu Christi. Gott hat uns seinen Sohn geschenkt. Er kommt als Erlöser in die Welt. Damit beginnt eine neue Zeitrechnung: Wir zählen unsere Jahre nach Christi Geburt.

Der Evangelist Lukas berichtet im Neuen Testament, daß Jesus in den Tagen des Kaisers Augustus geboren wurde. Das geschah zu Betlehem in Judäa.

In jener Gegend lagerten Hirten auf freiem Feld und hielten Nachtwache bei ihrer Herde. Da trat der Engel des Herrn zu ihnen, und der Glanz des Herrn umstrahlte sie; sie fürchteten sich sehr.

Anbetung des Kindes
(Stefan Lochner)

Ich danke dir,
Herr Jesus Christ,
daß du als Kind
geboren bist.
Laß alle Menschen,
groß und klein,
die Kinder
deines Vaters sein.

Der Engel aber sprach zu den Hirten:
Fürchtet euch nicht,
denn ich verkünde euch
eine große Freude,
die dem ganzen Volk zuteil werden soll:
Heute ist euch der Retter geboren
in der Stadt Davids,
er ist der Messias (Christus), der Herr.
Und dies soll euch als Zeichen dienen:
Ihr werdet ein Kind finden,
das, in Windeln gewickelt, in einer Krippe liegt.
Und plötzlich war bei dem Engel
ein großes himmlisches Heer,
das lobte Gott und sprach:
Verherrlicht ist Gott in der Höhe
und auf Erden ist Friede
bei den Menschen seiner Gnade. Lk 2,8–14

Jesus Christus ist unser Erlöser.

Jesus unter den Menschen
(Büder)

Jesus verkündet die Liebe Gottes

Als Jesus etwa 30 Jahre alt war, begann er, in der Öffentlichkeit durch Worte und Taten die Frohe Botschaft zu verkünden. Sein Ruf verbreitete sich immer mehr.

Alle wollten ihn hören und von ihren Krankheiten geheilt werden, denn es ging eine Kraft von ihm aus. Viele folgten ihm nach und wurden seine Jünger. Aus ihnen wählte er die zwölf aus, die er Apostel nannten. Er sandte sie aus, damit sie seine Frohe Botschaft weitertrugen.

So entsprachen sie dem Auftrag des Herrn:

Geht zu allen Völkern, und macht alle Menschen zu meinen Jüngern; tauft sie im Namen des Vaters und des Sohnes und des Heiligen Geistes, und lehrt sie, alles zu befolgen, was ich euch geboten habe. Seid gewiß: Ich bin bei euch alle Tage bis zum Ende der Welt.

Mt 28,19–20

→ Liste der zwölf Apostel, S. 63

Die Botschaft Jesu faßt der Evangelist Markus in dem Satz zusammen:

Die Zeit ist erfüllt, das Reich Gottes ist nahe. Kehrt um, und glaubt an das Evangelium!

Mk 1,15

Jesus wollte damit sagen:
- Jetzt ist die Zeit des Heils angebrochen.
- Gott hat aus Liebe sein Volk erlöst.
- Hört die Botschaft, und richtet euch danach!

Bis heute setzt die Kirche diesen Auftrag, den Jesus seinen Jüngern gegeben hat, fort. Sie tut dies durch die Eltern, Priester und Lehrer und verkündet den Menschen die Frohe Botschaft
- von Gott, dem Vater, der alle Menschen liebt,
- von Jesus Christus, der aus Liebe die Menschen erlöst hat,
- vom Heiligen Geist, der den Menschen die Kraft gibt, nach dem Willen des Vaters zu leben.

Jesus ruft den Zachäus (Büder)

Jesus führt die Sünder zur Umkehr

Jesus nahm sich der Menschen an, die sich im Leben verirrt hatten und in Sünde lebten.
Der Evangelist Lukas berichtet zum Beispiel:

Jesus kam nach Jericho und ging in die Stadt. Dort wohnte ein Mann, der Zachäus hieß. Er war Oberzöllner und hatte viel Geld. Er wollte Jesus gerne sehen, doch die vielen Leute versperrten ihm die Sicht – er war nämlich klein. Darum lief er voraus und stieg auf einen Feigenbaum, um Jesus zu sehen, wenn er vorbeikäme. Als Jesus dorthin kam, schaute er hinauf und sagte zu ihm: Zachäus, komm schnell herunter! Denn ich muß heute bei dir einkehren. Da stieg er schnell herunter und nahm Jesus freudig bei sich auf. Als die Leute das sahen, wurden sie unwillig und sagten: Bei einem Sünder ist er zu Gast! Zachäus aber wandte sich an den Herrn und sagte: Herr, sieh doch, die Hälfte meines Vermögens geb' ich den Armen, und wenn ich von jemand zu viel gefordert habe, erstatte ich es ihm vierfach zurück. Da sagte Jesus zu ihm: Heute ist in dieses Haus das Heil gekommen; auch dieser Mann ist ja ein Sohn Abrahams. Denn der Menschensohn ist gekommen, um das Verlorene zu suchen und zu retten.

nach Lk 19,1–10

Jesus spricht:

**Kommt alle zu mir,
die ihr euch plagt
und schwere Lasten
zu tragen habt.
Ich werde euch
Ruhe verschaffen.
Lernt von mir!
Ich bin gütig und
von Herzen demütig.
Ihr werdet Ruhe
finden
für eure Seele.
Denn meine Last
ist leicht.**

aus Mt 11,25–30

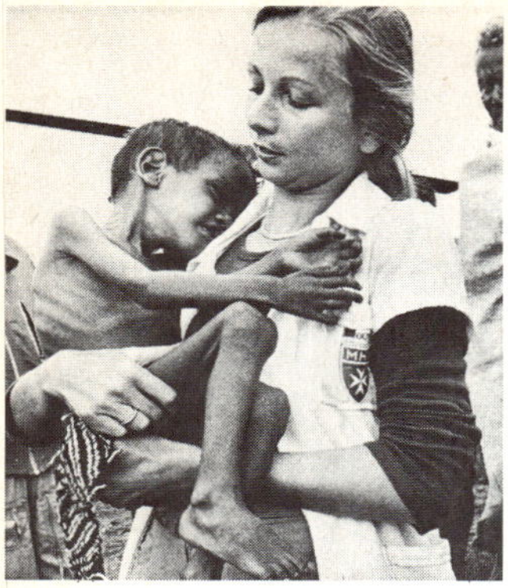

Gott bestätigt Jesu Botschaft durch machtvolle Zeichen und Wunder

Jesus verkündete die Frohe Botschaft in Wort und Tat. Er zog umher und erwies den Leuten Wohltaten. Das Evangelium berichtet, daß er viele Kranke heilte, daß er Tote ins Leben zurückrief; daß er Aussätzige gesund und vom bösen Geist Gequälte frei machte.

Als die Menschen die Zeichen und Wunder Jesu sahen, fragten sie sich: Wer ist denn dieser? Die einen glaubten an ihn; andere nahmen Anstoß an ihm.

Blindenheilung (Holzschnitzerei, Köln um 1065)

Als Johannes der Täufer im Gefängnis war, schickte er seine Jünger zu Jesus und ließ ihn fragen:
Bist du es, der kommen soll, oder müssen wir auf einen anderen warten?

Jesus antwortete ihnen:
Geht und berichtet Johannes, was ihr hört und seht: Blinde sehen wieder und Lahme gehen; Aussätzige werden rein und Taube hören; Tote stehen auf, und den Armen wird das Evangelium verkündet. Selig ist, wer an mir keinen Anstoß nimmt.

Mt 11,2–6

Jesus heilt Kranke

Überall, wo Jesus auftrat, brachte das Volk Kranke zu ihm; viele heilte er: Blinde, Lahme und Krüppel, Taube und Stumme.
Der Evangelist Lukas berichtet:

Ein Hauptmann hatte einen Diener, den er sehr schätzte und der todkrank darniederlag. Als der Hauptmann von Jesus hörte, schickte er einige von den jüdischen Ältesten zu ihm mit der Bitte, zu kommen und seinen Diener gesund zu machen. Sie gingen zu Jesus und baten ihn inständig. Sie sagten: Er verdient es, daß du seine Bitte erfüllst; denn er liebt unser Volk und hat uns die Synagoge gebaut. Da ging Jesus mit ihnen. Als er nicht mehr weit von dem Haus entfernt war, schickte der Hauptmann Freunde und ließ ihm sagen: Herr, bemüh' dich nicht! Denn ich bin nicht würdig, daß du einkehrst unter mein Dach. Sprich nur ein Wort, dann wird mein Diener gesund. Auch ich muß Befehlen gehorchen und habe selber Soldaten unter mir; sage ich nun zu einem: Geh!, so geht er, und zu einem anderen: Komm!, so kommt er, und zu meinem Diener: Tu das!, so tut er es. Jesus war erstaunt über ihn, als er das hörte. Und er wandte sich um und sagte zu den Leuten, die ihn begleiteten: Ich sage euch: Nicht einmal in Israel habe ich einen solchen Glauben gefunden. Und als die Freunde, die der Hauptmann geschickt hatte, in das Haus zurückkehrten, fanden sie den Diener gesund.
nach Lk 7,1–10

Als Jesus einen Taubstummen geheilt hatte, rief das Volk außer sich vor Staunen:

Er hat alles gut gemacht;
er macht, daß die Tauben hören
und die Stummen sprechen.

Mk 7,37

Heilung eines Aussätzigen
(Buchmalerei, 1040)

Jesus erweckt Tote zum Leben

Der Evangelist Lukas berichtet:

Da kam ein Mann namens Jairus; er war Synagogenvorsteher. Er fiel Jesus zu Füßen und bat ihn, in sein Haus zu kommen. Denn sein einziges Kind, ein Mädchen von etwa zwölf Jahren, lag im Sterben. Während Jesus auf dem Weg zu ihr war, kam einer von den Hausgenossen des Synagogenvorstehers und sagte: Deine Tochter ist gestorben. Bemühe den Meister nicht länger! Jesus hörte es und sagte zu Jairus: Sei ohne Furcht, glaube nur, dann wird sie gerettet. Als er in das Haus ging, ließ er niemand mit hinein außer Petrus, Johannes und Jakobus und den Eltern des Mädchens. Alle weinten und klagten über ihren Tod. Jesus aber sagte: Weint nicht! Sie ist nicht gestorben, sie schläft nur. Da lachten die Leute ihn aus, weil sie wußten, daß sie tot war. Er aber faßte sie bei der Hand und sagte: Mädchen, steh auf! Da kehrte das Leben in sie zurück, und sie stand sofort auf. Und er sagte, man solle ihr etwas zu essen geben.
nach Lk 8,40–55

Der Evangelist Lukas berichtet auch von der Auferweckung eines jungen Mannes in der Stadt Nain (Lk 7,11–17); dabei heißt es:

Alle wurden von Furcht ergriffen; sie priesen Gott und sagten:
Ein großer Prophet ist unter uns aufgetreten.
Gott hat sich seines Volkes angenommen.
Und die Kunde davon verbreitete sich überall in Judäa und im ganzen Gebiet ringsum.

Lk 7,16–17

Auferweckung in Nain
(Hitda-Kodex, um 1020)

Der Evangelist Johannes erzählt von der Auferweckung des Lazarus. Dieser lag schon vier Tage im Grab. Jesus rief ihn ins irdische Leben zurück. Dabei sprach er das Wort, das für alle Zeiten, auch für uns heute gilt:

Ich bin die Auferstehung und das Leben.
Wer an mich glaubt, wird leben, auch wenn er stirbt.

Joh 11,25

Jesus stillt den Sturm auf dem See

Der Evangelist Lukas berichtet:

Eines Tages stieg er mit seinen Jüngern in ein Boot und sagte zu ihnen: Wir wollen an das andere Ufer des Sees fahren. Und sie fuhren ab. Während der Fahrt aber schlief er ein. Plötzlich brach über dem See ein Sturm los, das Wasser schlug in das Boot, und sie gerieten in große Gefahr. Da traten sie zu ihm, weckten ihn und schrien: Meister, Meister, wir gehen unter! Er stand auf, drohte dem Wind und den Wellen, und sie legten sich, und es ward Stille. Dann sagte er zu den Jüngern: Wo ist euer Glaube? Sie aber fragten einander voll Schrecken und Staunen: Was ist das für ein Mensch, daß ihm sogar Wind und Wasser gehorchen?

nach Lk 8,22–25

Der Maler wollte mit seinem Bild sagen:
Die Jünger im Boot sind wir. Jesus kann uns retten.

Der Evangelist Johannes berichtet über das Bekenntnis des Nikodemus zu Jesus:

Es war ein Pharisäer namens Nikodemus, ein führender Mann unter den Juden. Der suchte Jesus bei Nacht auf und sagte zu ihm: Rabbi, wir wissen, du bist ein Lehrer, der von Gott gekommen ist; denn niemand kann die Zeichen tun, die du tust, wenn nicht Gott mit ihm ist.
Joh 3,1–2

Der Sturm auf dem Meere
(Hitda-Kodex, um 1020)

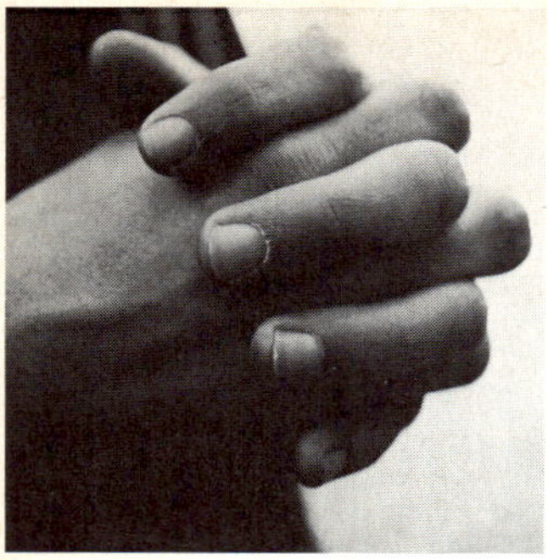

Jesus lehrt beten

Der Evangelist Lukas berichtet:
Jesus betete einmal an einem Ort; und als er das Gebet beendet hatte, sagte einer seiner Jünger zu ihm: Herr, lehre uns beten.
Lk 11,1

Da lehrte Jesus seine Jünger das Vaterunser:

Vater unser im Himmel,
geheiligt werde dein Name.
Dein Reich komme.
Dein Wille geschehe,
wie im Himmel, so auf Erden.
Unser tägliches Brot gib uns heute.
Und vergib uns unsere Schuld,
wie auch wir vergeben unsern Schuldigern.
Und führe uns nicht in Versuchung,
sondern erlöse uns von dem Bösen.

Oft wird die alte Lobpreisung angeschlossen:
Denn dein ist das Reich und die Kraft und die Herrlichkeit in Ewigkeit. Amen.

Im Vaterunser ist die Summe des Evangeliums Jesu Christi enthalten:
- die Frohe Botschaft vom Vater,
- von seinem kommenden Reich,
- von der Vergebung, die er gewährt,
- von der endgültigen Erlösung von allem Bösen, die er uns schenkt durch Jesus Christus, unsern Herrn.

Wir Christen beten voll Vertrauen zu Gott, unserem Vater, denn Jesus sagt:

Bittet, dann wird euch gegeben;
sucht, dann werdet ihr finden;
klopft an, dann wird euch geöffnet.

Denn wer bittet, der empfängt;
wer sucht, der findet;
und wer anklopft, dem wird geöffnet.

Wenn schon ihr, die ihr böse seid,
euren Kindern gebt, was gut ist,
wieviel mehr wird euer Vater im Himmel
denen Gutes geben, die ihn bitten.

Mt 7,7–8.11

Oft erfahren wir aber, daß Gott unsere Bitten anders erfüllt, als wir es erwarten. Gott weiß, was für uns Menschen gut ist. Darum beten wir: Herr, dein Wille geschehe!

Fürbitten, Katholikentag, 1982

Gefangennahme Jesu (goldenes Antependium, Aachen um 1020)

Jesus gibt sich für uns in den Tod

Viele im Lande Israel haben sich nicht zum Glauben an Jesus bekehrt. Sie sahen in ihm nicht den erwarteten Messias, den Sohn Gottes. Sie hielten seine Verkündigung für Gotteslästerung. Jesus wußte, daß sie ihm nachstellten. Sie entschlossen sich sogar, ihn zu töten. Eine Gelegenheit dafür fanden sie, als er zum Paschafest nach Jerusalem kam.

Judas, einer aus der Schar der zwölf Jünger, verriet Jesus an den Hohen Rat. Alle Jünger flohen, als Jesus im Garten Getsemani am Fuß des Ölbergs gefangengenommen war. Kajaphas, der Hohepriester, zusammen mit dem Hohen Rat, verhörte Jesus und fragte ihn: Bist du der Messias, der Sohn Gottes? Als Jesus dies bekannte, zerriß der Hohepriester sein Gewand und rief: Er hat Gott gelästert! Darauf sagten alle: Er ist schuldig und muß sterben. Jesus nahm das Todesurteil im Gehorsam gegenüber seinem himmlischen Vater an. Er gab sich in den Tod, um uns von unseren Sünden zu erlösen. Er hielt seinem Vater die Treue und liebte die Menschen bis in den Tod.

Pontius Pilatus, der römische Befehlshaber in Palästina, ließ Jesus auf Verlangen des Hohen Rates kreuzigen.
Die Kreuzigung war die grausamste Todesstrafe, die es bei den Römern gab. Vor der Kreuzigung wurden die Verurteilten blutig gegeißelt. Jesus trug sein Kreuz hinaus vor die Stadt Jerusalem auf den Hügel Golgota. Dort kreuzigten ihn die römischen Soldaten. Zusammen mit ihm wurden zwei Räuber gekreuzigt.

Am Nachmittag des Karfreitags, zwei Tage vor Ostern, starb Jesus am Kreuz mit den Worten:
Es ist vollbracht!

→ Maria unter dem Kreuz, S. 49, 100

Was du, Herr, hast erduldet, / ist alles meine Last, / ich, ich hab' es verschuldet, / was du getragen hast. / Schau her, hier steh' ich Armer, / der Zorn verdienet hat; / gib mir, o mein Erbarmer, / den Anblick deiner Gnad.

Ich danke dir von Herzen / o Jesus, liebster Freund, / für deines Todes Schmerzen, / da du's so gut gemeint. / Ach gib, daß ich mich halte / zu dir und deiner Treu / und, wenn ich einst erkalte, / in dir mein Ende sei.

Gotteslob 179

Grablegung Jesu (Holzschnitzerei, Colmar)

Der Kreuzweg des Herrn

Der Kreuzweg war in Jerusalem der Weg von der Stätte der Verurteilung über den Hügel Golgota bis zum Grab Jesu. Seit vielen Jahrhunderten haben die gläubigen Christen auch in unserem Land an Wegen und in Kirchen Kreuzwegstationen errichtet. Wer sie betrachtet, geht im Geiste den Leidensweg Jesu nach.

Wir beten am Anfang des Kreuzweges:

Herr, du hast gesagt: Wer mein Jünger sein will, nehme täglich sein Kreuz auf sich und folge mir nach. Ich will jetzt deinem Leidensweg im Geiste folgen. Laß mich betrachten, was du für mich gelitten hast.

1. Station: Jesus wird zum Tode verurteilt
2. Station: Jesus nimmt das Kreuz auf seine Schultern
3. Station: Jesus fällt zum ersten Mal unter dem Kreuz
4. Station: Jesus begegnet seiner Mutter
5. Station: Simon von Zyrene hilft Jesus das Kreuz tragen
6. Station: Veronika reicht Jesus das Schweißtuch
7. Station: Jesus fällt zum zweiten Mal unter dem Kreuz
8. Station: Jesus begegnet den weinenden Frauen
9. Station: Jesus fällt zum dritten Mal unter dem Kreuz
10. Station: Jesus wird seiner Kleider beraubt
11. Station: Jesus wird an das Kreuz genagelt
12. Station: Jesus stirbt am Kreuz
13. Station: Jesus wird vom Kreuz abgenommen und in den Schoß seiner Mutter gelegt
14. Station: Der heilige Leichnam Jesu wird in das Grab gelegt

Wir beten dich an, Herr Jesus Christus, und preisen dich, denn durch dein heiliges Kreuz hast du die Welt erlöst.

Jesus gab sich freiwillig für uns Sünder in den Tod. Er betete sogar für seine Verfolger:

Vater, vergib ihnen, denn sie wissen nicht, was sie tun.

Lk 23,24

Jesus betete am Ölberg:

Vater, wenn du willst, nimm diesen Kelch von mir! Aber nicht mein, sondern dein Wille geschehe.

Gott hat seinen Sohn durch Kreuz und Leiden zur Herrlichkeit der Auferstehung geführt; durch ihn sind wir erlöst.

Der Apostel Paulus schreibt:
Gott hat uns der Macht der Finsternis entrissen und aufgenommen in das Reich seines geliebten Sohnes. Durch ihn haben wir die Erlösung, die Vergebung der Sünden.
Kol 1,13–14

An das Leiden und Sterben Jesu Christi erinnert uns der Freitag in der Karwoche, der **Karfreitag.** Wir beten unter dem Kreuz des Herrn für alle Menschen.

Ich danke dir, Herr Jesus Christ,
daß du für uns gestorben bist.
O laß dein Blut und deine Pein
an uns doch nicht verloren sein.

Wir glauben und bekennen:

Jesus Christus ist der Erlöser der Welt.

Beim Letzten Abendmahl hat Jesus am Abend vor seinem Leiden das Gedächtnis seines Opfertodes gestiftet. Es wird in jeder heiligen Messe gegenwärtig.

Deinen Tod, o Herr, verkünden wir
und deine Auferstehung preisen wir,
bis du kommst in Herrlichkeit.

Das Kreuz ist das heiligste Zeichen: das Zeichen Christi und der Christen. Wenn wir uns mit ihm bezeichnen – von der Stirn zur Brust, und von der linken Schulter zur rechten –, dann rufen wir Gottes Hilfe auf uns herab. Herr, du bist bei mir, und ich will bei dir sein!

Kreuzigung Jesu
(Buchmalerei, 1250)

Jesus wird von seinem Vater auferweckt und verherrlicht

Als Jesus am Kreuz gestorben war, hatten seine Jünger den Mut verloren. Sie waren verzweifelt. Alles schien aus zu sein. Sie dachten: Wir haben vergeblich auf Jesus gehofft.
Aber am Ostermorgen war alles anders: Der Herr ist auferstanden.

- Maria Magdalena und andere Frauen entdeckten das leere Grab.
- Engel verkündeten den Frauen: Gott, der Vater, hat seinen Sohn auferweckt. Jesus ist auferstanden. Er ist der Herr über Leben und Tod.
- Er erschien den Jüngern und offenbarte ihnen sein neues Leben. Mit der Kraft des Heiligen Geistes sandte er sie aus, damit sie allen Menschen die Frohe Botschaft verkündeten.
- Jesus wurde in die Herrlichkeit Gottes aufgenommen.

Wir bekennen: Er sitzt zur Rechten Gottes, des allmächtigen Vaters.

Am Osterfest feiern wir die Auferstehung Jesu Christi. Jesus hat den Tod überwunden und ist heimgekehrt in das Reich seines Vaters. Auch wir erwarten Auferstehung und ewiges Leben durch ihn.

Bronzerelief
(E. Weinert, 1981)

Jesus sagt:
Ich bin die Auferstehung und das Leben. Wer an mich glaubt, wird leben, auch wenn er stirbt, und jeder, der lebt und an mich glaubt, wird auf ewig nicht sterben.
Joh 11,25–26

Ich freue mich,
Herr Jesus Christ,
daß du erhöht
im Himmel bist.
Dort ist auch mir
ein Ort bereit,
bei dir zu sein
in Ewigkeit.

Die Apostel bekennen:

Wir haben gesehen
und bezeugen,
daß der Vater
den Sohn gesandt hat
als den Retter
der Welt.
Wer bekennt,
daß Jesus
der Sohn Gottes ist,
in dem bleibt Gott,
und er
bleibt in Gott.
1 Joh 4,14–15

Himmelfahrt Christi
(Holzschnitzerei,
Köln um 1065)

Der auferstandene Herr wird wiederkommen

Der Evangelist Lukas berichtet in seinem Evangelium und in der Apostelgeschichte vom Abschied des Herrn von seinen Jüngern. Er sagt:

Und während Jesus sie segnete, verließ er sie und wurde zum Vater emporgehoben; sie aber fielen vor ihm nieder.

Lk 24,51

Ich danke dir,
Herr Jesus Christ,
daß du der Zeiten
Herrscher bist.
Wenn Erd' und
Himmel einst vergehen,
dein Wort und Wille
bleibt bestehen.

In der Apostelgeschichte berichtet Lukas:

Dieser Jesus, der von euch ging und in den Himmel aufgenommen wurde, wird ebenso wiederkommen, wie ihr in habt zum Himmel hingehen sehen.

Apg 1,11

Auf die Wiederkunft des Herrn warten die Christen allezeit.
Der Apostel Paulus schreibt:

Unsere Heimat ist im Himmel. Von dort her erwarten wir auch Jesus Christus, den Herrn, als Retter.

Phil 3,20

Jesus Christus ist der Erlöser aller Menschen

Aus der Frohen Botschaft von Jesus Christus wissen wir: Gott ist ein gütiger Vater für alle Menschen. Er läßt seine Sonne aufgehen über Gute und Böse; er läßt regnen über Gerechte und Ungerechte. Allen Menschen erweist er Wohltaten, ob sie ihn kennen oder nicht, ob sie ihn anbeten oder nicht.

Eine Christin

Eine Buddhistin

Juden

Moslems

Jesus Christus hat am Kreuz seine Arme ausgebreitet für alle Menschen. Er will alle in Liebe umfassen.

Gott ist allen Menschen durch seine Güte nahe.
Er will, daß alle die Wahrheit erkennen und das Heil finden.

Durch Jesus Christus haben wir die Zuversicht, daß Gott die Menschen aller Rassen und Sprachen, aller Religionen und Überzeugungen zu seinem Reich führen will.

Allen Menschen, die mit redlichem Herzen Gott suchen und der Stimme ihres Gewissens folgen, schenkt er seine Gnade. Allen ist die Frohe Botschaft Jesu Christi zugedacht.

Vor Gott sind alle Menschen Brüder und Schwestern.

Jesus Christus ist nicht gekommen, um die Welt zu richten, sondern um sie zu retten.

Er hat gesagt:

Ich bin der Weg
und die Wahrheit
und das Leben.
Niemand
kommt zum Vater,
außer durch mich.

Joh 14,6

Jesus Christus sendet den Heiligen Geist

Am Pfingstfest feiern wir das Kommen des Heiligen Geistes. Durch ihn ist Jesus Christus alle Zeit bei uns.

Pfingsten (Buchmalerei, 12. Jahrhundert)

Jesus sagt:

Ich werde den Vater bitten, und er wird euch einen anderen Beistand geben, der für immer bei euch bleiben soll.
Der Beistand aber, der Heilige Geist, den der Vater in meinem Namen senden wird, er wird euch alles lehren und euch an alles erinnern,
was ich euch gesagt habe.
Frieden hinterlasse ich euch,
meinen Frieden gebe ich euch;
nicht einen Frieden, wie die Welt ihn gibt, gebe ich euch.
Euer Herz beunruhige sich nicht und verzage nicht.
Joh 14,16.26–27

Komm, Schöpfer Geist,
kehr bei uns ein,
besuch das Herz
der Kinder dein:
die deine Macht
erschaffen hat,
erfülle nun
mit deiner Gnad.

Gotteslob 245

→ Der Heilige Geist, Herr und Lebensspender, S. 57

Batik in der Stadtpfarrkirche Christi Himmelfahrt, Donauwörth

Jesus Christus zeigt uns den dreifaltigen Gott

Wir können Gott nicht begreifen, er ist für uns ein Geheimnis. Aber durch Jesus Christus wissen wir: Gott ist

- **der Vater, der uns liebt,**
- **der Sohn, der für uns Mensch geworden ist und für uns gelitten hat,**
- **der Heilige Geist, den der Vater und der Sohn uns senden, damit wir glauben, hoffen und lieben können.**

Als Christen wissen wir:

Der eine Gott ist vor der Welt, er hat sie geschaffen.

Der eine Gott ist in der Welt, er hat seinen Sohn in die Welt gesandt.

Der eine Gott ist mit der Welt in alle Zukunft, er allein wird sie vollenden.
Gott ist

- Schöpfer
- Erlöser
- Vollender der Welt

Wir nennen Gott den Dreifaltigen. Wir bekennen den einen Gott in drei Personen: den Vater, den Sohn und den Heiligen Geist. Wir beten zu Gott, der heiligsten Dreifaltigkeit.

Das kürzeste Glaubensbekenntnis sind die Worte, die wir beim Kreuzzeichen sprechen:

Im Namen des Vaters und des Sohnes und des Heiligen Geistes.

Ehre sei dem Vater und dem Sohn und dem Heiligen Geist, wie im Anfang, so auch jetzt und alle Zeit und in Ewigkeit. Amen.

Lob, Ehr und Preis sei Gott / dem Vater und dem Sohne / und Gott dem Heilgen Geist / im höchsten Himmelsthrone, / ihm, dem dreieinen Gott, / wie es im Anfang war / und ist und bleiben wird / so jetzt und immerdar.
Gotteslob 266

Wir feiern Jesus Christus im Kirchenjahr

Im Laufe eines Jahres feiern wir in den Festen der Kirche das Leben des Herrn:
- **an Weihnachten seine Menschwerdung und Geburt,**
- **am Karfreitag seinen Opfertod am Kreuz,**
- **an Ostern seine Auferstehung von den Toten,**
- **an Christi Himmelfahrt seine Verherrlichung beim Vater,**
- **an Pfingsten die Sendung des Heiligen Geistes.**

Kirchenfenster aus Madagaskar

An allen Sonntagen des Kirchenjahres hören wir in den Evangelien von den Worten und Taten des Herrn.

→ Das Kirchenjahr, S. 76–81

Durch Jesus Christus haben wir Zugang zu Gott, unserem Vater. Sein Herz ist für uns die Quelle aller Liebe und Gnade Gottes; aus ihm strömen uns alle Gaben des Heiligen Geistes zu. Darum verehren die Christen die göttliche Liebe besonders unter dem Zeichen des Herzens Jesu, das am Kreuz für uns durchbohrt worden ist.

Wir feiern das Herz-Jesu-Fest in der dritten Woche nach Pfingsten. Jeden ersten Freitag im Monat halten wir den Herz-Jesu-Freitag.

Gebet vom Herz-Jesu-Fest:

Allmächtiger Gott,
wir verehren das Herz deines geliebten Sohnes und preisen die großen Taten seiner Liebe.
Gib, daß wir aus dieser Quelle göttlichen Erbarmens die Fülle der Gnade und des Lebens empfangen.
Darum bitten wir durch Jesus Christus deinen Sohn, unseren Herrn und Gott, der in der Einheit des Heiligen Geistes mit dir lebt und herrscht in alle Ewigkeit.
Amen.

Wer ist der Heilige Geist?

Es ist schwer, das Wort Geist zu erklären. Wir können es nur umschreiben und mit Beispielen verdeutlichen.
In vielen Redensarten gebrauchen wir das Wort Geist.
Wir sagen: „In dieser Familie herrscht ein guter Geist", oder „Seid ihr denn von allen guten Geistern verlassen?"

Wenn wir einem Menschen begegnen, erfahren wir oft, welcher Geist in ihm herrscht. Man spricht von einem guten oder bösen Geist im Menschen. Manchmal meinen wir mit Geist soviel wie Gesinnung, Einstellung oder Haltung.

Wenn man vom Geist eines Menschen spricht, dann ist damit oft die Lebenskraft gemeint, die ihn bewegt und beflügelt, die ihn zum Tun antreibt. Oft ist diese Lebenskraft so groß, daß durch sie auch andere Menschen angesteckt und begeistert werden.

Vom Geist Gottes, vom Heiligen Geist, redet die Bibel in Bildern. Sie vergleicht ihn mit Wind, Hauch, Atem, Sturm und Feuer. In der Kunst wird er oft als Taube dargestellt.

Die Heilige Schrift erzählt von Menschen, die der Geist Gottes ergriff: den Propheten gab er Mut zur Verkündigung des Wortes Gottes. Könige und Priester sandte er als Retter in der Not und als Kämpfer für Frieden und Recht.
Jesus war erfüllt vom Heiligen Geist.

Die Kirche bekennt: **Der Heilige Geist ist Gott wie der Vater und der Sohn, er ist der Schöpfer Geist, der Leben schafft.**

Wir beten:
**Komm, Heiliger Geist,
der Leben schafft,
erfülle uns
mit deiner Kraft.
Dein Schöpferwort
rief uns zum Sein:
nun hauch' uns
Gottes Odem ein.
Amen.**

Kirchenfenster in St. Peter, Rom

Jesus – geleitet vom Heiligen Geist

Jesus war ganz vom Geiste Gottes, vom Geiste seines Vaters, erfüllt. In der Kraft dieses Geistes wirkte er Wunder, sprach von Gott, seinem Vater, und rief die Menschen zur Umkehr.
In dieser Kraft ertrug er das Leiden. In der Kraft des Geistes hat er sein Leben geopfert. Der Geist hat ihn vom Tode auferweckt und verklärt.

Die Heilige Schrift berichtet:

Als er aufstand, um aus der Schrift vorzulesen, reichte man ihm das Buch des Propheten Jesaja. Er schlug das Buch auf und fand die Stelle, wo es heißt: Der Geist des Herrn ruht auf mir; denn der Herr hat mich gesalbt. Er hat mich gesandt, damit ich den Armen eine gute Nachricht bringe; damit ich den Gefangenen die Entlassung verkünde und den Blinden das Augenlicht; damit ich die Zerschlagenen in Freiheit setze und ein Gnadenjahr des Herrn ausrufe.

Dann schloß er das Buch, gab es dem Synagogendiener und setzte sich. Die Augen aller in der Synagoge waren auf ihn gerichtet. Da begann er, ihnen darzulegen: heute hat sich das Schriftwort, das ihr eben gehört habt, erfüllt.
Lk 4,16–22

So hat sich Jesus als Gesalbter, als Messias, vorgestellt. Und so ging der Geist Gottes von Jesus aus und erfaßte die Menschen:

- Sie sahen, wie er sich den leidenden, den bekümmerten, den verachteten Menschen zuwandte;
- sie hörten, wie er von Gott, seinem Vater, sprach, und die Menschen zur Umkehr rief;
- sie erfuhren, wie er seinem Auftrag treu war bis in den Tod und wie Gott ihn aufnahm in seine Herrlichkeit.

Geistsendung (Buchmalerei)

Der Heilige Geist wirkt in der Kirche

Die Bibel bezeugt, daß Jesus Christus unter uns gegenwärtig bleibt. Er gab den Jüngern seinen Geist.
Seit dem ersten Pfingstfest wirkt der Heilige Geist in der Kirche fort.

→ Jesus Christus sendet vom Vater her den Heiligen Geist, S. 53

Der Beistand aber, der Heilige Geist, den der Vater in meinem Namen senden wird, der wird euch alles lehren und euch an alles erinnern, was ich euch gesagt habe.

Joh 14,26

Durch den Heiligen Geist bleibt Christus bei seiner Kirche. Deswegen sprechen wir auch von der „heiligen Kirche“. Sie bewahrt in seinem Geist die Botschaft Jesu Christi und verkündet sie immer neu. Im Glauben an die Kraft des Heiligen Geistes spendet die Kirche die Sakramente.

Der Heilige Geist verbindet die Christen untereinander und führt sie zur Einheit im Glauben. Wir Christen sind davon überzeugt, daß überall da, wo sich Menschen im Gebet versammeln und in Bruderliebe einander helfen, der Geist Gottes lebendig ist.

Die Kirche bekennt den Heiligen Geist als Herrn und Lebensspender. Er ist ihre Seele. Durch ihn ist sie ein Geheimnis. Durch ihn können wir beten: Ich glaube an die heilige Kirche.

Wir beten:
Komm, Heiliger Geist,
erfülle die Herzen
deiner Gläubigen,
und entzünde in ihnen
das Feuer deiner Liebe.

Der Heilige Geist wirkt in uns

So wie der Heilige Geist in der ganzen Kirche lebt, so lebt er auch in jedem Glied der Kirche, in jedem von uns.

In der Taufe und in der Firmung werden die Gläubigen mit der Gabe Gottes, dem Heiligen Geist, besiegelt. Auf vielfältige Weise wirkt der Heilige Geist in uns. Er kann Menschen ergreifen und umwandeln:

Der Heilige Geist öffnet die Herzen der Menschen für Gott. Er hilft ihnen, den Glauben besser zu verstehen und als Kinder Gottes zu leben. Er gibt den Menschen die Kraft, Gott und den Nächsten immer mehr zu lieben. Er stärkt die Menschen in der Treue zum Glauben. Er läßt sie im Leid nicht verzagen.

Der Heilige Geist erleuchtet, stärkt und heiligt uns.

- Er erleuchtet uns, damit wir verstehen, was Jesus gesagt hat und damit wir den Weg erkennen, den wir gehen sollen.

■ Er stärkt uns, damit wir den Glauben bezeugen und verkünden.
■ Er heiligt uns, damit wir teilhaben am göttlichen Leben.

Atme in mir,
du Heiliger Geist,
daß ich Heiliges denke!

Treibe mich,
du Heiliger Geist,
daß ich Heiliges tue!

Locke mich,
du Heiliger Geist,
daß ich Heiliges liebe!

Stärke mich,
du Heiliger Geist,
daß ich Heiliges hüte!

Hüte mich,
du Heiliger Geist,
daß ich es nimmer verliere!

Augustinus

Im Brief an die Galater nennt der heilige Paulus, was der Geist bewirkt:

Die Frucht des Geistes ist Liebe, Freude, Friede, Langmut, Freundlichkeit, Güte, Treue, Sanftmut und Selbstbeherrschung.

Gal 5,22–23

Alle, die sich vom Geist Gottes leiten lassen, sind Söhne Gottes.

Röm 8,14

Mit der Kirche beten wir um die **sieben Gaben des Heiligen Geistes:**
die Gaben
der Weisheit und des Verstandes,
des Rates und der Stärke,
der Erkenntnis und der Frömmigkeit
und der Furcht des Herrn.

Jede Gabe, die Gott uns zu unserem Heile schenkt, nennen wir **Gnade.** Christus hat uns alle Gnaden erworben.
Er teilt sie uns durch den Heiligen Geist mit.

Wir bekennen im Glaubensbekenntnis:

Wir glauben an den Heiligen Geist,
der Herr ist und lebendig macht,
der aus dem Vater und dem Sohn hervorgeht,
der mit dem Vater und dem Sohn angebetet und verherrlicht wird,
der gesprochen hat durch die Propheten.

Wir beten:
Gott, du hast die Herzen deiner Gläubigen durch die Erleuchtung des Heiligen Geistes gelehrt. Gib, daß wir in diesem Geist erkennen, was recht ist, und allezeit seinen Trost und seine Hilfe erfahren.
Darum bitten wir durch Christus, unseren Herrn. Amen.

WHITEWATER

4. Die Kirche des Herrn

Jesus – Ursprung der Kirche

Die Gemeinschaft aller Menschen, die an Christus glauben und getauft sind, nennen wir Kirche. „Kirche" kommt vom griechischen Wort kyriaké und heißt: die dem Herrn gehörige (Gemeinde).

Die Kirche hat ihren Ursprung in Jesus Christus. Er begann in seinem Erdenleben die Menschen zu einem Volk Gottes zusammenzuführen.

Jesus sammelte Jünger um sich und berief sie zu seinen Mitarbeitern. Zwölf von ihnen gab er besondere Aufträge und Vollmachten. Er bestimmte sie zu Aposteln. Sie sollten den Menschen die Frohe Botschaft verkünden.

Jesus sendet Jünger aus (Buchmalerei um 1024)

Das Wort Apostel heißt: Gesandter. Es ist ein griechisches Wort und entspricht dem lateinischen Wort Missionar.

Jesus beruft die zwölf Apostel und Petrus als ihr Oberhaupt:

In diesen Tagen ging er auf einen Berg, um zu beten. Und er verbrachte die ganze Nacht im Gebet zu Gott. Als es Tag wurde, rief er seine Jünger zu sich und wählte aus ihnen zwölf aus; sie nannte er Apostel. (Es waren) Simon, dem er den Namen Petrus gab, und sein Bruder Andreas, dazu Jakobus und Johannes, Philippus und Bartholomäus, Matthäus und Thomas, Jakobus, der Sohn des Alphäus und Simon, genannt der Zelot, Judas, der Sohn des Jakobus, und Judas Iskariot, der zum Verräter wurde.
Lk 6,12–16

Aus der Schar der Apostel bestimmte Jesus den Simon zum Oberhaupt der Kirche. Er gab ihm den Namen Petrus, der Fels.

→ Das Amt des Petrus, S. 71

Als Jesus gekreuzigt worden war und den Tod erlitten hatte, waren die Jünger traurig und mutlos. Gott aber ließ seinen Sohn nicht im Tode. Er erweckte ihn von den Toten. Als Auferstandener erschien er am Ostertag seinen Jüngern. Das erfüllte sie mit großer

Freude. Nun wußten sie: Jesus Christus hat den Tod besiegt; in seinem Leben und Wirken ist Gott sichtbar geworden.

Am Abend dieses ersten Tages der Woche, als die Jünger aus Furcht vor den Juden die Türen verschlossen hatten, kam Jesus, trat in ihre Mitte und sagte zu ihnen: Friede sei mit euch! Nach diesen Worten zeigte er ihnen seine Hände und seine Seite. Da freuten sich die Jünger, daß sie den Herrn sahen. Jesus sagte noch einmal zu ihnen: Friede sei mit euch! Wie mich der Vater gesandt hat, so sende ich euch! Nachdem er das gesagt hatte, hauchte er sie an und sprach zu ihnen: Empfangt den Heiligen Geist!

Joh 20,19–22

Jesus erfüllt seine Jünger mit dem Heiligen Geist. Am Pfingsttag kam dieser in sichtbaren Zeichen auf sie herab. Sie blieben beisammen und feierten gemeinsam Gottesdienst. Sie beteten miteinander und verkündeten den Menschen das Leben und Wirken Christi. Sie sorgten liebevoll füreinander. Sie waren überzeugt:
Jesus Christus ist bei uns.
Der Heilige Geist ist in uns lebendig.
So entstand die Kirche Jesu Christi.

Vom Leben der ersten Gemeinden in der Urkirche berichtet der Evangelist Lukas:

Alle, die gläubig geworden waren, bildeten eine Gemeinschaft und hatten alles gemeinsam. Sie verkauften Hab und Gut und gaben davon allen, jedem so viel, wie er nötig hatte. Tag für Tag verharrten sie einmütig im Tempel, brachen in ihren Häusern das Brot und hielten miteinander Mahl in Freude und Einfalt des Herzens. Sie lobten Gott und waren beim ganzen Volk beliebt. Und der Herr fügte täglich ihrer Gemeinschaft die hinzu, die gerettet werden sollten.

Apg 2,44–47

Die Kirche ist überall da lebendig,

- wo das Evangelium durch seine Boten verkündet wird,
- wo in den Sakramenten Jesus Christus zu den Menschen kommt,
- wo die Menschen in brüderlicher Liebe miteinander leben.

Die Kirche ist die Gemeinschaft, in der Jesus Christus zugegen ist und in der sein Geist weiterlebt. Jesus Christus leitet die Kirche durch die Nachfolger der Apostel, die Bischöfe. An ihrer Spitze steht der Nachfolger des heiligen Petrus, der Papst.

Jesus Christus hat nur eine einzige Kirche gestiftet. Diese eine, heilige, katholische und apostolische Kirche Christi ist in unserer Kirche verwirklicht.

Deshalb gilt:

- Es soll in der Kirche keine Spaltung und Trennung geben.
- Sie ist von Christus her geheiligt und vom Heiligen Geist durchdrungen.
- Sie ist offen für alle Menschen aller Zeiten und aller Rassen: katholisch heißt weltweit, allen Menschen zugetan, die ganze Erde umspannend, allgemein.
- Sie hat ihren Ursprung in Jesus Christus und wird geleitet von den Aposteln und ihren Nachfolgern, dem Papst und den Bischöfen.

Die Kirche ist als das Volk Gottes unterwegs

Das Zweite Vatikanische Konzil sagt:
Die Kirche schreitet zwischen den Verfolgungen der Welt und den Tröstungen Gottes auf ihrem Pilgerweg dahin und verkündet das Kreuz und den Tod des Herrn, bis er wiederkommt.

Die Kirche breitet sich aus

Vom Anfang der Kirche erzählt der Evangelist Lukas:

Jesus rief die Zwölf zu sich und gab ihnen die Kraft und die Vollmacht, alle Dämonen auszutreiben und die Kranken gesund zu machen. Und er sandte sie aus mit dem Auftrag, das Reich Gottes zu verkünden und zu heilen. Er sagte zu ihnen: Nehmt nichts mit auf den Weg, keinen Wanderstab und keine Vorratstasche, kein Brot, kein Geld und kein zweites Hemd. Bleibt in dem Haus, in dem ihr einkehrt, bis ihr den Ort wieder verlaßt. Wenn euch aber die Leute in einer Stadt nicht aufnehmen wollen, dann geht weg,

und schüttelt den Staub von euren Füßen, zum Zeugnis gegen sie. Die Zwölf machten sich auf den Weg und wanderten von Dorf zu Dorf. Sie verkündeten das Evangelium und heilten überall die Kranken.
Lk 9,1–6

Die Jünger erfüllten den Auftrag Jesu, die Frohe Botschaft zu verkünden. Am Pfingsttag war in Jerusalem der Heilige Geist auf sie herabgekommen. Von ihm gestärkt trugen sie die Botschaft Jesu Christi in viele andere Länder. Überall da, wo die Menschen zum Glauben an Jesus Christus kamen und sich taufen ließen, gründeten die Apostel und Missionare Gemeinden. Die vielen Gemeinden waren miteinander freundschaftlich verbunden und sorgten füreinander. So breitete sich die Kirche immer weiter aus.

Auch heute lebt Christus in der Kirche. Das erfahren wir, wenn Menschen im gemeinsamen Glauben an ihn zusammenkommen und seinen Auftrag erfüllen. Durch ihre Liebe und durch ihr Leben im Alltag sollen die Christen Zeugnis von ihrem Glauben geben. Der Evangelist Matthäus bezeugt: Jesus bleibt immer bei seiner Kirche.

Die elf Jünger gingen nach Galiläa auf den Berg, wie Jesus ihnen aufgetragen hatte. Und als sie Jesus sahen, fielen sie vor ihm nieder. Einige aber hatten Zweifel. Da trat Jesus auf sie zu und sagte zu ihnen: Mir ist alle Macht gegeben im Himmel und auf der Erde. Darum geht zu allen Völkern, und macht alle Menschen zu meinen Jüngern; tauft sie auf den Namen des Vaters und des Sohnes und des Heiligen Geistes, und lehrt sie, alles zu befolgen, was ich euch geboten habe. Seid gewiß: Ich bin bei euch alle Tage bis zum Ende der Welt.
Mt 28,16–20

Mission ist Aufgabe der ganzen Kirche. Alle Christen sollen durch Gebet und Opfer oder durch persönlichen Einsatz daran mitarbeiten, damit allen Menschen die Frohe Botschaft verkündet wird.

Die Kirche betet:
Herr, du hast deinen Sohn als das wahre Licht in die Welt gesandt. Offenbare allen Menschen deine Wahrheit durch den Heiligen Geist, den er verheißen hat, und öffne ihre Herzen für den Glauben. Gib, daß alle in der Taufe das neue Leben empfangen und Glieder deines Volkes werden.

Der Missionsauftrag der Kirche wird vor allem von den Priestern, Diakonen, Brüdern und Schwestern in den Missionsorden erfüllt. Aber auch viele Katecheten, Lehrer, Ärzte und andere Helfer arbeiten in der Mission. Durch Predigt und Unterricht, Gebet und Gottesdienst, durch Krankenpflege und soziale Dienste verkünden sie die Botschaft Jesu Christi. Sie arbeiten in der ganzen Welt.
Die Kirche betet, daß viele Menschen berufen werden für die Arbeit in den Missionen:

Gott, du willst, daß alle Menschen gerettet werden und zur Erkenntnis der Wahrheit kommen.
Sende Arbeiter in deine Ernte, damit sie der ganzen Schöpfung das Evangelium verkünden.
Sammle dein Volk durch das Wort des Lebens und stärke es durch die Kraft des Sakramentes, damit es auf dem Weg des Heiles voranschreitet. Darum bitten wir durch Jesus Christus.

Die katholischen Christen in Deutschland unterstützen die Arbeit in den Missionen durch das internationale Hilfswerk **Missio** in Aachen und München.

MISSIO
Internationales katholisches Missionswerk e. V.
Hermannstraße 14, Postfach 1110, 5100 Aachen, Telefon (0241) 47641

Missio ist ein lateinisches Wort und heißt: Sendung.

MISSIO
Internationales katholisches Missionswerk
Pettenkoferstr. 26–28, Postfach 201609, 8000 München 2, Telefon (089) 51621

Durch das Päpstliche Missionswerk –**PMK**– helfen Kinder den Kindern in den Missionsgebieten. Sie sorgen mit dafür, daß sie heute leben können und Jesus Christus kennen- und lieben lernen.

PMK
Päpstliches Missionswerk der Kinder in Deutschland
Stephanstraße 35, 5100 Aachen, Telefon (0241) 21067

In manchen Gebieten und Ländern leben wenige katholische Christen unter vielen Andersgläubigen oder Ungläubigen.
Man sagt, sie leben dort in der *Diaspora*.

Diaspora ist ein griechisches Wort. Es bedeutet Zerstreuung. Die Wege zur nächsten Kirche sind oft sehr weit. Die Gemeinden sind klein und können nur unter Schwierigkeiten und großen Opfern zum Gottesdienst zusammenkommen.

Darum sollen die Christen, die nicht in der Zerstreuung leben, durch Gebet und persönliches Opfer die Sorgen und Nöte der Gemeinden in der Diaspora mittragen.

Sie tun dies besonders durch das **Bonifatiuswerk** der deutschen Katholiken. Es sorgt sich um die Gemeinden in Nord- und Mitteldeutschland und in den skandinavischen Ländern. Dieses Werk ist nach dem heiligen Bonifatius (gestorben 754), dem bedeutendsten Missionar in Deutschland, benannt.

Bonifatiuswerk der deutschen Katholiken
Kamp 22, 4790 Paderborn, Telefon (0 52 51) 2 37 37

Das BONIFATIUSWERK ist wie MISSIO, MISEREOR, ADVENIAT und der CARITAS-VERBAND eines der großen katholischen Hilfswerke in der Bundesrepublik Deutschland.

Ein heiliger Bischof, Glaubensbote und Märtyrer:
Bonifatius,
geboren 673, gestorben 754,
Gedenktag: 5. Juni

Laßt uns nicht Mietlinge sein, die den Wolf fliehen, sondern treue Hirten, wachsam über die Herde Christi.

Bonifatius hieß ursprünglich Winfried. Seinen Namen Bonifatius erhielt er erst 719 vom Papst Gregor II., der ihn als Missionar in die germanischen Länder – in das heutige Deutschland – sandte. Der Benediktiner Winfried war mit 40 Jahren aus seinem englischen Kloster aufgebrochen, um für Christus in der Fremde zu wirken. Mit großem Eifer verkündete er die Frohe Botschaft und organisierte die Kirche in Bayern, Hessen und Thüringen. Er gründete Bistümer und Klöster als Mittelpunkte der Missionsarbeit. Freunde und Gefährten aus England standen ihm zur Seite. Im Jahre 724 fällte er die Eiche, die dem germanischen Gott Donar geweiht war. Bei der Verkündigung des Glaubens erlitt Bonifatius 754 mit vielen Gefährten den Martertod in Friesland. Er wird verehrt als der Apostel der Deutschen. In Fulda, seiner Lieblingsgründung, liegt er begraben.

Der Vater des Mönchtums:
Benedikt von Nursia,
geboren 480, gestorben 547;
Gedenktag: 11. Juli

Sein Wahlspruch lautete:
Bete und arbeite!
Ora et labora!

Zunächst studierte Benedikt in Rom. Aber die Sittenlosigkeit der römischen Studenten stieß ihn ab. Darum floh er in die Einsamkeit, um durch Gebet und Buße den Willen Gottes besser zu erkennen.

Nach vielen Jahren sammelte er in Subiaco Einsiedler in 12 kleinen Klostergemeinschaften. 539 zog er mit seinen Mönchen nach Montecassino. Hier schrieb er seine berühmte Regel, um dem Leben der Mönche eine feste Ordnung zu geben. Darin wurden für das Gebet und die Arbeit, für die Mahlzeiten und das Schlafen bestimmte Zeiten festgelegt. Eine besondere Bedeutung erhielt die Feier des Gottesdienstes. Nichts sollte dem Gottesdienst vorgezogen werden.

Die Klöster des heiligen Benedikt wurden auch in unserem Land zu Mittelpunkten der Seelsorge, der Kultur und der Kunst. Benedikt wird verehrt als Schutzpatron Europas.

Montecassino

Jesus hat gesagt:

**Alle sollen eins sein, damit
die Welt glaubt,
daß du mich gesandt hast.**

Joh 17,21

Das Symbol der Ökumene: Das Schiff auf den Wellen; das Wort Ökumene in der griechischen Fassung

Die Einheit der Kirche

Zeichen der Einheit in der Kirche ist die brüderliche Gemeinschaft der Gläubigen mit dem Bischof und mit dem Papst. Um diese Einheit müssen wir immer wieder beten.

Durch menschliche Schuld gab es von Anfang an in der Kirche Spaltungen und Irrlehren.

Die erste große Spaltung der Kirche geschah im Jahre 1054. Damals trennten sich die griechische Ostkirche und die lateinische Westkirche.

In unserem Vaterland vollzog sich nach dem Jahre 1517 die Glaubensspaltung zwischen katholischen und evangelischen (protestantischen) Christen.

In der Bundesrepublik Deutschland ist heute etwa die Hälfte der Bevölkerung katholisch. Auch in vielen anderen Ländern leben evangelische und katholische Christen in getrennten Kirchen.

Neben ihnen gibt es noch eine ganze Reihe kleinerer christlicher Glaubensgemeinschaften.

In der ökumenischen Bewegung bemühen sich die Christen in aller Welt durch Gebet, Gespräche und vielfältige Zusammenarbeit um die Einheit der Kirche.

Gebet um die Einheit der Christen

*Herr Jesus Christus, du hast gebetet:
Laß alle eins sein, wie du, Vater, in mir bist und ich in dir.
Wir bitten dich um die Einheit deiner Kirche.
Zerbrich die Mauern, die uns trennen.
Stärke, was uns eint, und überwinde, was uns trennt.
Gib uns, daß wir die Wege zueinander suchen.
Führe den Tag herauf, an dem wir dich loben und preisen können in der Gemeinschaft der Gläubigen.*

Das Amt des Petrus

Dem Apostel Simon hat Jesus den Namen Petrus (der Fels) gegeben. Er berief ihn zum Oberhaupt der Kirche. Sein Nachfolger ist der **Papst.** Er ist als Bischof von Rom das sichtbare Oberhaupt der Kirche.

Es ist die besondere Aufgabe des Papstes, die Kirche in der Einheit des Glaubens zusammenzuhalten. Er ist Hirte und Lehrer der ganzen Kirche.

Matthäus bezeugt das Amt des Petrus:

Simon Petrus antwortete: Du bist der Messias, der Sohn des lebendigen Gottes!
Jesus sagte zu ihm:
Selig bist du, Simon Barjona; denn nicht Fleisch und Blut haben dir das offenbart, sondern mein Vater im Himmel. Ich aber sage dir: Du bist Petrus, der Fels, und auf diesen Felsen werde ich meine Kirche bauen, und die Mächte der Unterwelt werden sie nicht überwältigen.
Ich werde dir die Schlüssel des Himmelreiches geben; was du auf Erden binden wirst, das wird auch im Himmel gebunden sein, und was du auf Erden lösen wirst, das wird auch im Himmel gelöst sein.

Mt 16,16–19

Papst Johannes Paul II.

Gaben und Dienste in der Kirche

Die **Apostel** waren um das Leben, den Zusammenhalt und die Ordnung der Gemeinde besorgt. Deshalb wurden durch Handauflegung und Gebet Männer geweiht. Sie vergegenwärtigten Jesus Christus inmitten der Gemeinde. Sie waren besonders verantwortlich dafür, daß die Botschaft Jesu weitergetragen, sein Opfermahl gefeiert wurde und die Gemeinschaft der Christen in Einheit und Fürsorge miteinander verbunden blieb. Der Leiter einer solchen Gemeinde wurde Bischof genannt.

Das Wort Bischof heißt Aufseher oder Hüter. Es ist von dem griechischen Wort Episkopos abgeleitet.

Die **Bischöfe** sind die Nachfolger der Apostel. Im Namen Christi leiten sie eine Diözese und arbeiten mit an den Aufgaben der Weltkirche.
In ihrer Diözese sind sie verantwortlich

- für die Verkündigung des Evangeliums und für die Einheit im Glauben;
- für die Feier des Gottesdienstes und die Spendung der Sakramente;
- für die Verwirklichung der Nächstenliebe.

In ihren Aufgaben werden sie von Priestern, Diakonen und vielen anderen Helfern unterstützt. Das ganze Gottesvolk ist dazu berufen, an den Aufgaben der Kirche mitzuwirken.
Der Apostel Paulus mahnt die Ältesten von Ephesus:

Gebt acht auf euch und auf die ganze Herde, in der euch der Heilige Geist zu Bischöfen bestellt hat, damit ihr als Hirten für die Kirche Gottes sorgt, die er sich durch das Blut seines eigenen Sohnes erworben hat.

Apg 20,28

Die **Priester** sind Mitarbeiter ihres Bischofs. Als Pfarrer (Pastor) leiten sie im Auftrag des Bischofs eine Gemeinde der Diözese. Sie verkünden das Wort Gottes; sie haben die Vollmacht, die Eucharistie zu feiern und die Sakramente zu spenden; sie sorgen sich um die Notleidenden, Kranken und Sterbenden; sie bemühen sich um die Einheit in der Gemeinde.

Der **Diakon** übernimmt vielfältige Aufgaben in der Gemeinde. Er wirkt mit beim Gottesdienst; er predigt und tauft; er erteilt Unterricht; er kümmert sich um Alte und Kranke und um Menschen, die in Not sind.

Das Wort Priester ist von dem griechischen Wort Presbyter abgeleitet. Es bedeutet Ältester. Das griechische Wort Diakon bedeutet Diener.

→ Priesterweihe, S. 88

Ein Heiliger der kirchlichen Erneuerung:
Ignatius von Loyola,
geboren 1491,
gestorben 1556;
Gedenktag: 31. Juli

Alles zur größeren Ehre Gottes
Omnia ad maiorem Dei gloriam

Der baskische Offizier Ignatius wurde bei der Belagerung der Festung Pamplona durch die Franzosen schwer verwundet. Während seines schmerzhaften Krankenlagers beschloß er, sein aufwendiges und auf Erfolg ausgerichtetes Leben zu ändern. Das wurde für ihn ein schwerer Kampf.

Durch seine „Geistlichen Übungen", die er auch in einem Buch veröffentlichte, gewann er innere Klarheit. Vielen Menschen verhalf er mit diesen „Geistlichen Übungen" zu einem christlichen Leben.

Mit einigen Gefährten gründete er in Paris die „Gesellschaft Jesu", den Jesuitenorden. Die Jesuiten arbeiten in der ganzen Welt in Seelsorge, Erziehung und Wissenschaft.

Kein Mensch kann für sich allein leben. Jeder braucht den anderen. Er ist auf Gemeinschaft angewiesen. Dies gilt auch für uns Christen.

Den einzelnen Gläubigen werden von Gott verschiedene Aufgaben zugeteilt. Dafür enthält jeder seine besonderen Gaben. So kann er dazu beitragen, daß die Christen als Gemeinschaft in der Welt leben und Gott und den Menschen dienen können.

Der Apostel Paulus sagt:

Es gibt verschiedene Gnadengaben, aber nur den einen Geist. Es gibt verschiedene Dienste, aber nur den einen Herrn. Es gibt verschiedene Kräfte, die wirken, aber nur den einen Gott:
Er bewirkt alles in allen.

1 Kor 12,4–6

In der Familie, in der Schule und in der Pfarrgemeinde gibt es viele Aufgaben, zum Beispiel Kinder zu einem christlichen Leben erziehen, andere im Glauben unterweisen, die Frohe Botschaft verkünden, für den Gottesdienst sorgen, sich um Kranke und Arme, um Alte und Verlassene kümmern. Jeder soll den Auftrag erfüllen, den Gott ihm gegeben hat. Indem die Christen sich gegenseitig helfen, bleiben sie mit Christus und untereinander in Liebe verbunden.

Die Gemeinschaft mit Gott und die Gemeinschaft der Christen untereinander, beides gehört zusammen.

Jesus sagt:

Wo zwei oder drei in meinem Namen versammelt sind, da bin ich mitten unter ihnen. Mt 18,20

Der Apostel Paulus sagt:

Einer trage des anderen Last; so werdet ihr das Gesetz Christi erfüllen.
Gal 6,2

Nehmt einander an, wie auch Christus uns angenommen hat, zur Ehre Gottes.
Röm 15,7

→ Christen leben in der Welt, S. 173

Die Christen kommen zum **Gottesdienst** zusammen, um Gott zu loben, ihm zu danken und ihre Bitten vorzutragen. Sie gedenken des Todes und der Auferstehung des Herrn. Sie beten um den Segen Gottes. Durch Gebet und Gottesdienst gewinnen sie die Kraft, sich um das Heil und Wohl aller Menschen in der Welt zu sorgen.

→ Wir feiern die heilige Messe, S. 131

Erntedank

Das Kirchenjahr

Im Laufe eines Jahres wird uns das Leben und Heilswerk Jesu Christi immer neu vor Augen geführt. Durch die Feier der Geheimnisse unserer Erlösung werden diese für uns gegenwärtig. Wir erleben immer neu, was uns Gott durch die Menschwerdung und Geburt, durch den Tod, die Auferstehung und die Himmelfahrt Jesu Christi, sowie durch die Sendung des Heiligen Geistes geschenkt hat, und was er uns bei seiner letzten Ankunft schenken wird. Im Laufe des Kirchenjahres verehren wir auch Maria und die Heiligen.

Im Gottesdienst sagt die Kirche Gott Dank für diese großen Taten.

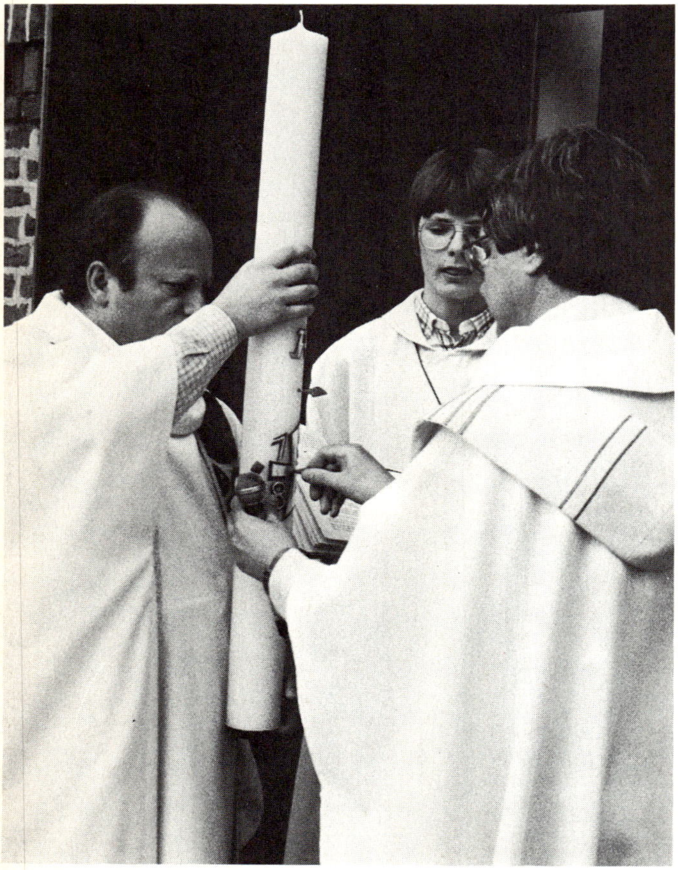

Das höchste Fest im Kirchenjahr ist **Ostern.** Wir feiern an diesem Tag die Auferstehung Jesu Christi. Jeder Sonntag ist eine Wiederholung der Osterfeier. Der Auferstandene ist in unserer Mitte anwesend. Wir bekennen in jeder heiligen Messe:

Deinen Tod, o Herr,
verkünden wir,
und
deine Auferstehung
preisen wir,
bis du kommst,
in Herrlichkeit.

In der Osternacht wird die Osterkerze angezündet. Sie ist Sinnbild für Christus, der durch seinen Tod und durch seine Auferstehung „Licht der Welt" ist.

Die Kirche betet:

Herr Jesus Christus, wir danken dir, daß du für uns gestorben und auferstanden bist. Durch deinen Tod hast du den Tod vernichtet und durch deine Auferstehung das Leben neu geschaffen. Vermehre in uns den Glauben an das neue Leben. Öffne uns für die österliche Botschaft, damit uns die Augen aufgehen für die Herrlichkeit deiner Auferstehung. Der du lebst und herrschest in Ewigkeit. Amen.

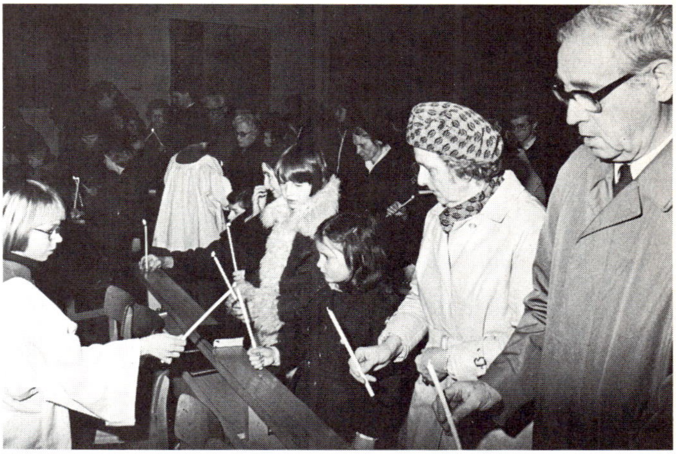

Die österliche Zeit

Die „österliche Zeit" beginnt wegen ihrer großen Bedeutung mit einer vierzigtägigen Vorbereitung. Es ist die österliche Bußzeit, die Fastenzeit. Sie dient der Vorbereitung auf die Feier des Todes und der Auferstehung Christi.

In der Fastenzeit sollen sich alle Christen durch Gebet und Stille, durch Umkehr und Buße auf das Osterfest vorbereiten. Zum Fasten gehört auch ein Opfer für die Armen und Hilfsbedürftigen.

→ Wir empfangen das Sakrament der Buße, S. 165

Die Kirche betet:

Herr, unser Gott, wir bitten dich:
Hilf uns umzukehren und Taten der Buße und Liebe zu vollbringen, damit wir unseren bösen Neigungen nicht nachgeben.

Reinige uns von Sünden, und mache uns fähig, das Gedächtnis des Leidens unseres Herrn Jesus Christus mit ganzer Hingabe zu begehen.

Die Fastenzeit beginnt mit dem **Aschermittwoch.** Am Aschermittwoch wird den Gläubigen mit geweihter Asche ein Kreuz auf die Stirn gezeichnet.
Der Priester spricht dabei:
Bedenke, Mensch,
daß du Staub bist
und wieder zum
Staub zurückkehren wirst.

Die Fastenzeit erreicht ihren Höhepunkt in der **Karwoche.** Die Karwoche beginnt mit dem **Palmsonntag.**
Wir feiern diesen Tag mit der Palmprozession. Dadurch werden wir an den feierlichen Einzug Jesu in Jerusalem erinnert. Nach altem Brauch werden geweihte Palmzweige aus dem Gottesdienst mit nach Hause genommen, um die Kreuze in der Wohnung zu schmücken, und damit Christus, dem König, zu huldigen.

Einzug Jesu in Jerusalem (goldenes Antependium, Aachen um 1020)

Am Donnerstag – **Gründonnerstag** – feiert die Kirche das Gedächtnis des letzten Abendmahls, der Einsetzung der Eucharistie und des Priestertums. Am Freitag – **Karfreitag** – feiert die Kirche das Leiden und Sterben Jesu Christi, unseres Erlösers. Wir beten den Herrn an, der sein Leben für uns hingegeben hat.
Wir beten den Kreuzweg.

→ Kreuzweg, S. 48
→ Rosenkranz, S. 107

Vierzig Tage nach Ostern feiert die Kirche das Fest **Christi Himmelfahrt.** An diesem Tag feiern wir die Verherrlichung Jesu Christi.

Die Kirche bekennt:
Gott, der Vater, hat Jesus Christus zum Herrn über alles gemacht;
er lebt und herrscht mit Gott, dem Vater.

Der Osterfestkreis dauert bis Pfingsten. Wir feiern **Pfingsten** 50 Tage nach Ostern. Wir freuen uns und danken Gott, der seiner Kirche durch Jesus Christus den Heiligen Geist gesandt hat.
Der Heilige Geist wirkt in der ganzen Welt.

Die Weihnachtszeit

Am Weihnachtsfest (25. Dezember) feiern wir die Geburt Jesu Christi: Der Sohn Gottes ist Mensch geworden.

Fürchtet euch nicht, denn ich verkünde euch eine große Freude, die dem ganzen Volk zuteil werden soll: Heute ist euch in der Stadt Davids der Retter geboren; er ist der Messias, der Herr.
Lk 2,10–11

Der Weihnachtskreis beginnt mit dem Advent und endet am Fest der Erscheinung des Herrn (6. Januar). Dieses Fest wird bei uns auch Dreikönigsfest genannt.

Advent heißt Ankunft. Es gibt vier Adventssonntage vor Weihnachten. In dieser Zeit bereiten wir uns auf das Weihnachtsfest vor. Wir bedenken die Ankunft des Herrn – damals, heute und am letzten Tag der Welt.

Krippe von Giotto (Assisi)

Christus – gestern, heute und in alle Ewigkeit

Wir denken daran

- daß das Volk Israel die Ankunft Christi, des Messias, erwartet hat,
- daß Jesus Christus heute in seinem Wort, in den Sakramenten und in seiner Kirche zu den Menschen kommt,
- daß Jesus Christus am Ende der Zeit wiederkommen wird.

Die Sonntage im Jahreskreis

Die 34 Sonntage zwischen dem Fest der Erscheinung des Herrn und der Fastenzeit und zwischen Pfingsten und Advent heißen Sonntage im Jahreskreis. In den Evangelien dieser Sonntage stellt uns die Kirche immer neu Worte und Taten Jesu vor Augen.

Am letzten Sonntag im Jahreskreis feiern wir das **Christkönigsfest.**

Gelobt seist du,
Herr Jesus Christ,
ein König aller Ehren;
dein Reich
ohn' alle Grenzen ist,
ohn' Ende muß
es währen.
Christkönig, Halleluja,
Halleluja.
Gotteslob 560

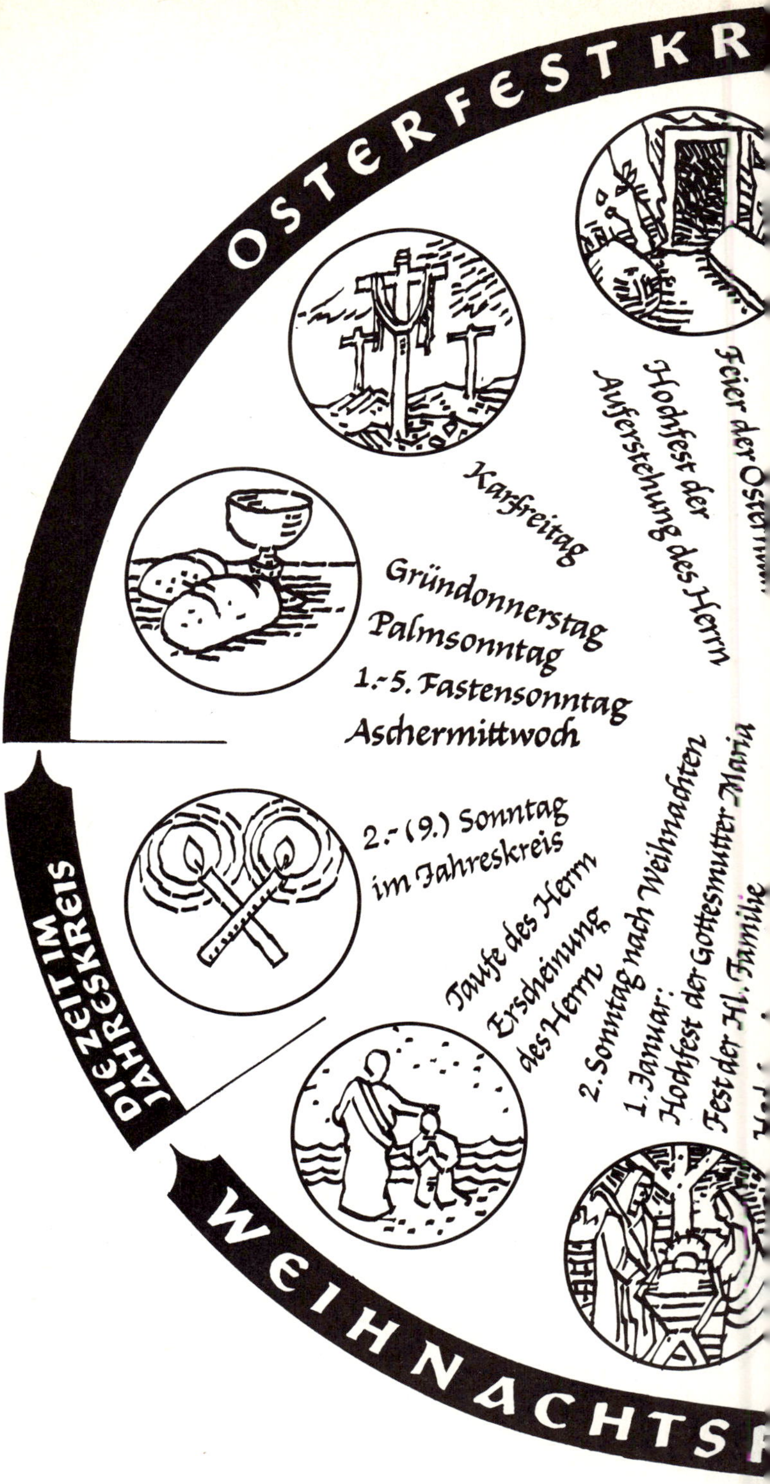

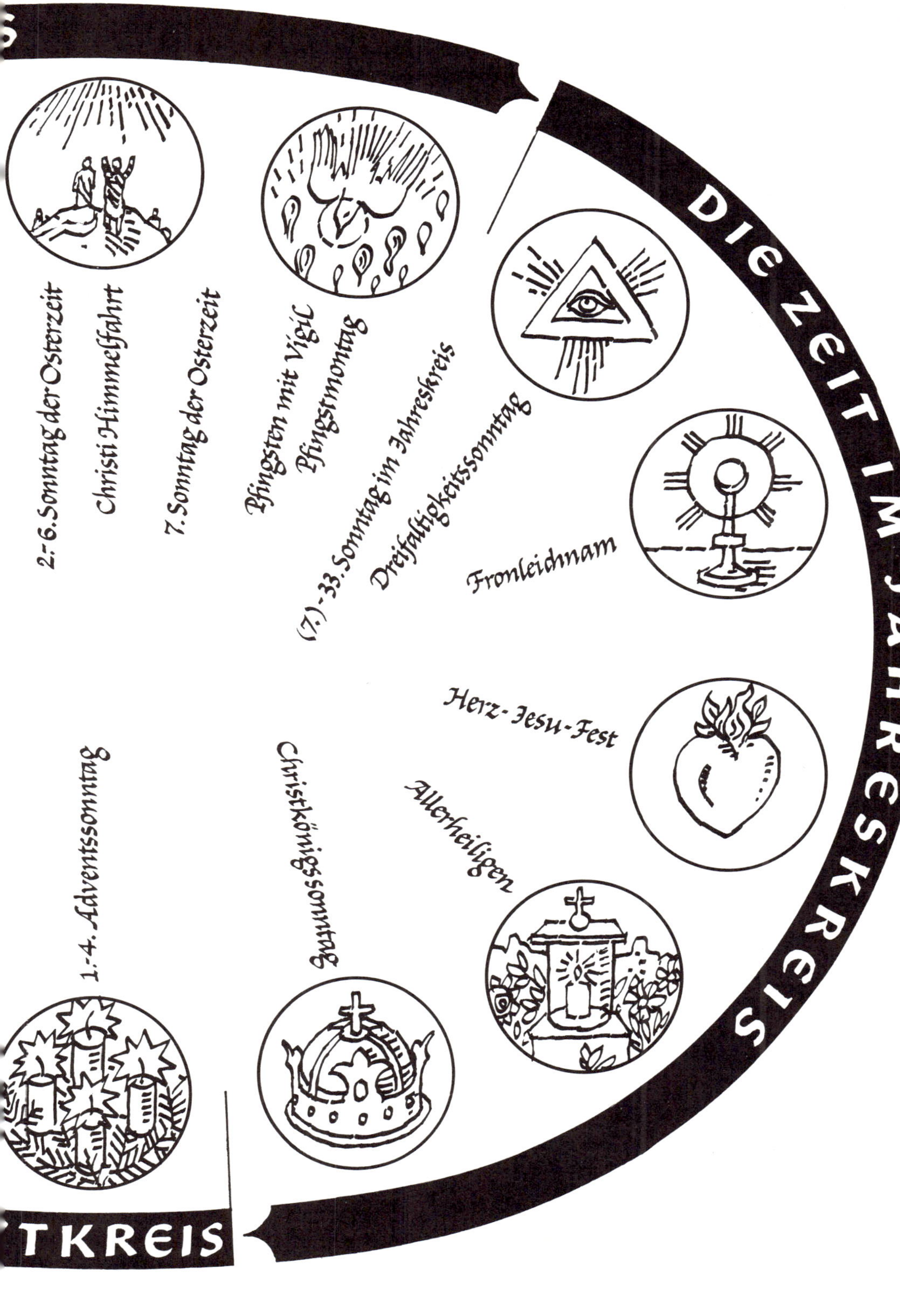

DIE ZEIT IM JAHRESKREIS
TKREIS
2.-6. Sonntag der Osterzeit
Christi Himmelfahrt
7. Sonntag der Osterzeit
Pfingsten mit Vigil
Pfingstmontag
(7.)-33. Sonntag im Jahreskreis
Dreifaltigkeitssonntag
Fronleichnam
Herz-Jesu-Fest
Allerheiligen
Christkönigssonntag
1.-4. Adventssonntag

Die Sakramente der Kirche

Sakramente sind heilige Zeichen. Sie haben ihren Ursprung in Jesus Christus.

Die Sakramente begleiten den Christen durch sein ganzes Leben. In ihnen begegnen wir Jesus Christus. Die Sakramente sind Zeichen der Verbundenheit und Freundschaft mit ihm. Durch sie teilt Jesus Christus uns das Heil und die Gnaden mit, die von seinem Kreuz ausgehen.

In der katholischen Kirche gibt es sieben Sakramente:

1. **die Taufe**
2. **die Firmung**
3. **die Eucharistie**
4. **die Buße**
5. **die Krankensalbung**
6. **die Priesterweihe**
7. **die Ehe.**

Die Kirche selbst ist durch Jesus Christus das grundlegende heilige Zeichen. In ihr ist Jesus Christus gegenwärtig. Er wirkt in ihr bis auf den heutigen Tag. Die Kirche ist das allumfassende Sakrament des Heiles.

Das Wort Sakrament kommt vom lateinischen Wort Sacramentum. Es bedeutet ursprünglich Besiegelung, Geheimnis, Versprechen.

Zu einem Sakrament gehören:

- **Wort und Zeichen,**
- **die damit bezeichnete Gnade,**
- **der Auftrag des Herrn.**

Die Taufe

■ Das Zeichen des Taufsakramentes ist das Wasser. Es wird über das Haupt des Täuflings gegossen. Früher wurde der Täufling in das Wasser eingetaucht.

■ In der Taufe verbindet sich Jesus unauflöslich mit uns. Er tilgt die Erbsünde, vergibt persönliche Sünden und schenkt uns neues Leben im Heiligen Geist.

Durch die Taufe werden wir in Christus eingegliedert und in die Gemeinschaft der Kirche aufgenommen.

■ Der Priester oder Diakon spendet die Taufe mit den Worten:

„Ich taufe dich im Namen des Vaters und des Sohnes und des Heiligen Geistes."

Jeder Mensch kann gültig taufen; doch soll außer im Notfall nur der Priester oder Diakon taufen.

→ Wir sind getauft, S. 111

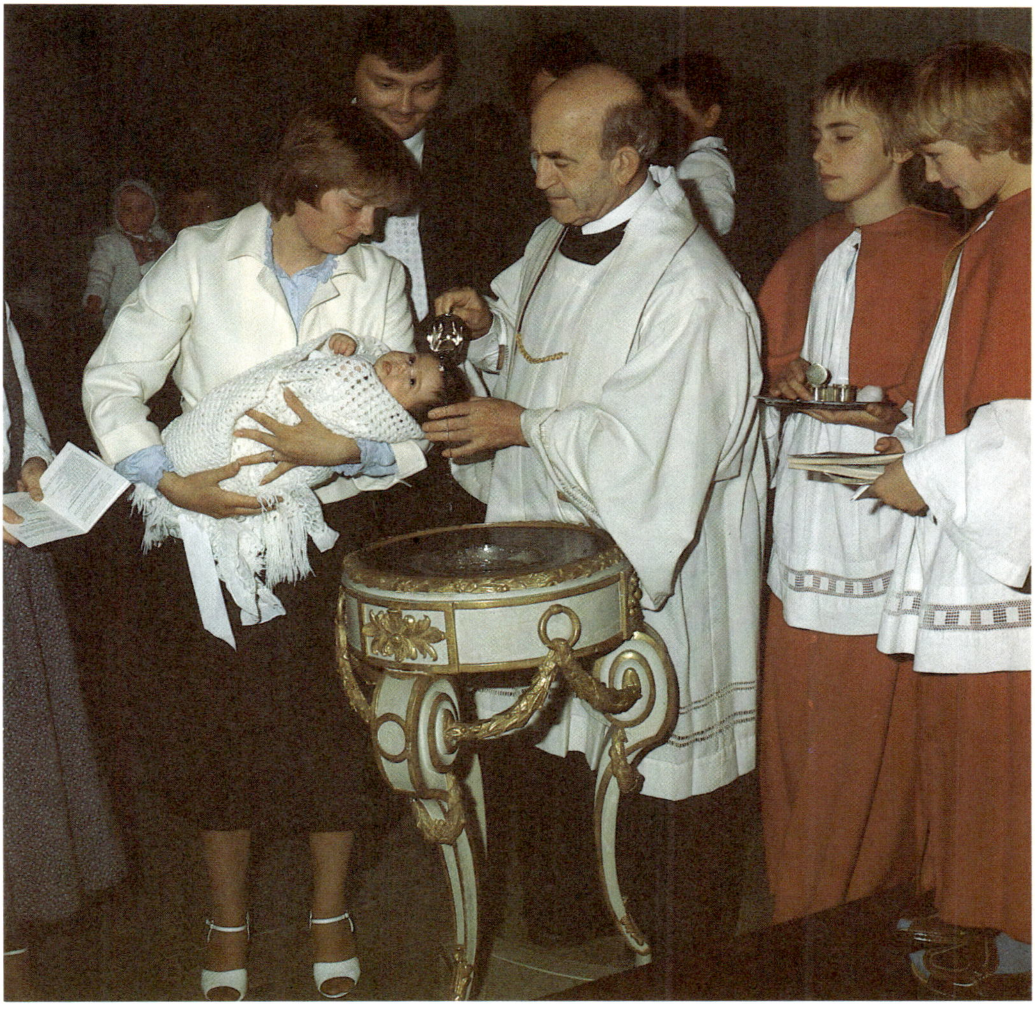

■ Das Zeichen des Firmsakramentes ist die Handauflegung und die Salbung durch den Bischof.
Der Bischof zeichnet mit Chrisam ein Kreuz auf die Stirn des Firmlings.

■ Er spendet die Firmung mit den Worten:

„Sei besiegelt durch die Gabe Gottes, den Heiligen Geist."

■ Die Firmung vollendet die Taufe. In der Firmung stärkt Jesus Christus unseren Glauben durch die Kraft des Heiligen Geistes, damit wir als Christen leben und für Christus Zeugnis geben können.

Ein Segensgebet am Schluß der Firmfeier lautet:

Gütiger Gott, stärke und bewahre, was du in uns gewirkt hast. Erhalte die Gaben des Heiligen Geistes in den Herzen deiner Gläubigen, damit sie vor aller Welt Christus, den Gekreuzigten, bekennen, ihn lieben und seine Gebote erfüllen.
Durch ihn, Christus, unseren Herrn.

Die Eucharistie

▪ Zeichen der Eucharistie sind Brot und Wein. Sie werden bei der heiligen Messe in den Leib und das Blut Jesu Christi verwandelt.

▪ In der Eucharistie vereinigt sich Christus mit uns und allen Gliedern seiner Kirche. Er gibt sich im Meßopfer dem Vater für uns hin. Er wird unser Opfer und unsere Speise.

▪ In der Feier der Eucharistie dankt die Kirche Gott, dem Vater, durch den Sohn.

▪ Die Worte, die Jesus beim letzten Abendmahl sprach, wiederholt der Priester in seinem Auftrag bei jeder Feier der heiligen Messe:

Denn am Abend, an dem er ausgeliefert wurde und sich aus freiem Willen dem Leiden unterwarf, nahm er das Brot und sagte Dank, brach es, reichte es seinen Jüngern und sprach:

Nehmet und esset alle davon:
Das ist mein Leib,
der für euch hingegeben wird.

Ebenso nahm er nach dem Mahl den Kelch, dankte wiederum, reichte ihn seinen Jüngern und sprach:

Nehmet und trinket alle daraus:
Das ist der Kelch des neuen und ewigen Bundes, mein Blut, das für euch und für alle vergossen wird zur Vergebung der Sünden.
Tut dies zu meinem Gedächtnis.

Zweites Hochgebet der heiligen Messe

→ Wir feiern die heilige Messe, S. 131

Brot und Wein auf dem Altar

■ Das Zeichen des Bußsakramentes ist das reumütige Bekenntnis des Sünders und die Lossprechung durch den Priester. Der Priester spricht den Menschen, der seine Sünden bereut und bekennt, im Auftrag Jesu Christi und der Kirche von aller Schuld frei.

■ Im Bußsakrament versöhnt uns Christus durch den Dienst der Kirche mit Gott. Er verzeiht uns die Sünden und schenkt uns Vergebung. So werden wir fähig, uns mit unseren Mitmenschen zu versöhnen.

■ Der Priester spricht:

Gott, der barmherzige Vater, hat durch den Tod und die Auferstehung seines Sohnes die Welt mit sich versöhnt und den Heiligen Geist gesandt zur Vergebung der Sünden. Durch den Dienst der Kirche schenke er dir Verzeihung und Frieden.
So spreche ich dich los von deinen Sünden – im Namen des Vaters und des Sohnes und des Heiligen Geistes.
Amen

→ Wir empfangen das Sakrament der Buße, S. 165

Die Krankensalbung

■ Das Zeichen der Krankensalbung ist die Salbung an Stirn und Händen mit heiligem Öl.

■ In der Krankensalbung stärkt uns Christus in Krankheit und Lebensgefahr. Er befreit den Kranken von seiner Schuld und hilft ihm, sein Leiden nach dem Vorbild Jesu tapfer zu ertragen.

■ Der Priester legt dem Kranken die Hände auf; er salbt ihn und betet dabei:

Durch diese heilige Salbung helfe dir der Herr in seinem reichen Erbarmen; er stehe dir bei mit der Kraft des Heiligen Geistes. Der Herr, der dich von Sünde befreit, rette dich; in seiner Gnade richte er dich auf.

Wenn der Priester zu einem Kranken gerufen wird, spendet er ihm gewöhnlich auch das Sakrament der Buße und die heilige Kommunion. Ein solcher Krankenbesuch heißt „Versehgang".

Krankensalbung in der Pfarrkirche

→ Wie der Herr bei uns bleibt, S. 156

Die Priesterweihe

- Das Zeichen der Priesterweihe ist die Handauflegung des Bischofs auf das Haupt derer, die zum Priestertum erwählt sind. Auch die anwesenden Priester legen ihnen die Hände auf.
- Durch die Priesterweihe wird der Erwählte zum Dienst Christi und der Kirche bestellt. Christus gibt dem Geweihten die Vollmacht zur Verkündigung der Frohen Botschaft, zum Hirtendienst und zur Feier der Sakramente und des Gottesdienstes mit den Gläubigen. Er schenkt die Gnade zu einem priesterlichen Leben und Wirken.

- Aus dem Weihegebet der Priesterweihe:

Allmächtiger Gott, wir bitten dich: Gib deinen Knechten die priesterliche Würde. Erneuere in ihnen den Geist der Heiligkeit. Gib, o Gott, daß sie festhalten an dem Amt, das sie aus deiner Hand empfingen; ihr Leben sei für alle Ansporn und Richtschnur. Segne, heilige und weihe deine Diener, die du erwählt hast. – Wir bitten dich, erhöre uns.

Die Ehe

■ Das Zeichen der Ehe ist das gegenseitige Versprechen von Mann und Frau, ein ganzes Leben lang in Liebe und Treue verbunden zu bleiben. Sie legen ihr Versprechen in der Gemeinschaft der Kirche ab, das heißt vor dem zuständigen Priester und den Trauzeugen.

■ In der Ehe verbindet Christus Mann und Frau zu einem heiligen, unauflöslichen Bund. Die Eheleute erhalten im Sakrament von Gott die Gnade und Kraft, ihre Aufgaben in Ehe und Familie erfüllen zu können.

■ Die Eheleute können beten:

Herr, wir haben zueinander ja gesagt. Die Liebe kennt keine Furcht, sie kann ja für immer sagen. Danke, Herr, für diese Liebe, die bei uns angefangen hat. Danke, daß du durch das Sakrament der Ehe bei uns bist.

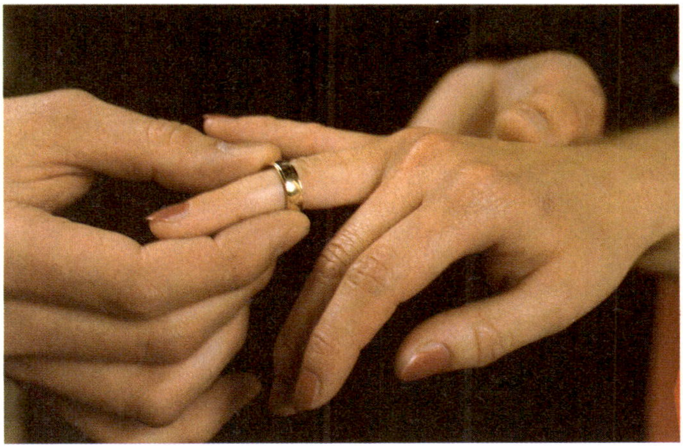

Goldene Hochzeit

Sakramentalien

Von den Sakramenten sind die Sakramentalien zu unterscheiden. Es sind Weihen und Segnungen, die von der Kirche als heilige Zeichen eingesetzt sind (z. B. Weihe der Kirchenglocken, Orgelweihe, Kindersegnung, Haussegnung, Segnung der Kraftwagen). Durch sie werden Menschen oder Dinge für den Dienst Gottes bestimmt oder dem besonderen Schutz Gottes anvertraut.

Die Glocken spielen im Leben der Kirche eine wichtige Rolle. In erster Linie dienen Glocken dazu, die Gemeinde zusammenzurufen und den Beginn des Gottesdienstes anzuzeigen. Sie fordern auch zu privatem Beten auf (Angelus-Läuten). Sie erklingen an den wichtigsten Lebensstationen des Christen: Taufe, Hochzeit, Tod. Sie künden Freude und steigern die Festlichkeit, machen Not und Unglück bekannt.

Oft segnen Eltern ihre Kinder, indem sie ihnen ein Kreuz auf die Stirn zeichnen. Sie bitten z. B. um Schutz und Segen Gottes für ihre Kinder auf dem Schulweg, für die Nacht, wenn sie auf Reisen gehen.

Vielfach ist es auch Brauch, über das Brot, wenn es angeschnitten wird, ein Kreuzzeichen zu machen. Damit sagen wir Dank und erbitten für alle, die davon essen, Gesundheit des Leibes und der Seele.

Wir bitten um Gottes Segen, wenn wir uns mit Weihwasser bekreuzigen.

Wenn wir gesegnet werden oder geweihte Dinge gebrauchen, sollen wir auf die Güte und Liebe Gottes und auf das Gebet der Kirche vertrauen. Die geweihten Dinge sollen uns daran erinnern, daß wir alles zur Ehre Gottes und zum Heil für uns und alle Menschen gebrauchen können.

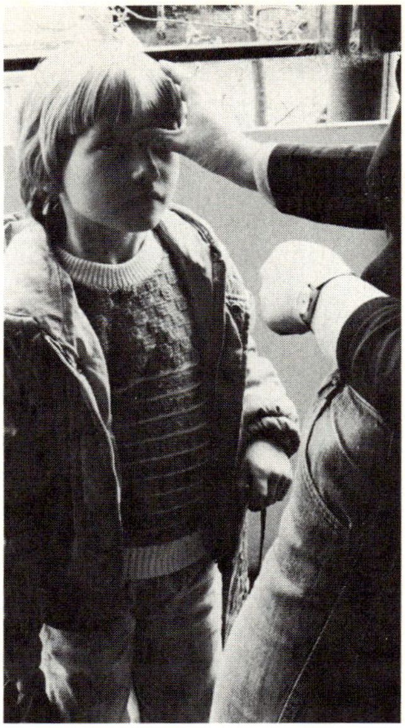

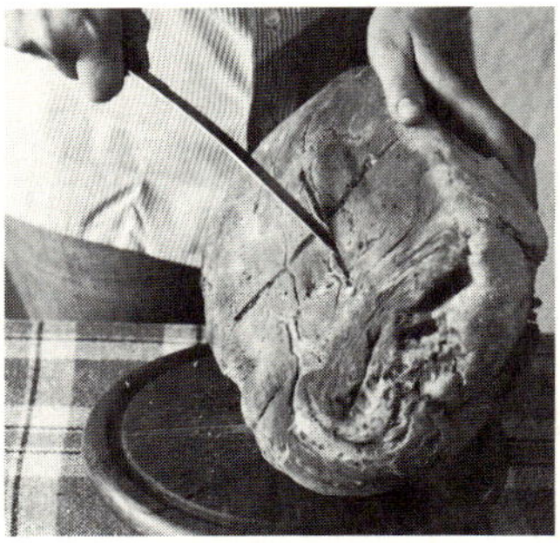

Alles, was Gott geschaffen hat, ist gut, und nichts ist verwerflich, wenn es mit Dank genossen wird; es wird geheiligt durch Gottes Wort und durch das Gebet.

1 Tim 4,4–5

Ein Segenswort:
Der Segen des allmächtigen Gottes, des Vaters und des Sohnes und des Heiligen Geistes, komme herab auf euch, auf diesen Ort und dieses Haus und auf die Früchte der Erde und der Arbeit und bleibe immerdar.

Die Gemeinschaft der Heiligen

Alle, die an Christus glauben, bilden zusammen eine große Gemeinschaft. Gott hat sie zu einem heiligen Volk berufen. Der Apostel Paulus nennt die Gläubigen „Heilige", weil sie Gott, dem Heiligen, gehören und weil Christus sie geheiligt hat. Heilige sind ein Werk der Gnade Gottes.

Im Gloria der heiligen Messe beten wir zu Christus:
„Du allein bist der Heilige"

Wenn wir heute einen Menschen „heilig" nennen, meinen wir damit, daß er sein Leben ganz nach dem Vorbild Jesu Christi gestaltet hat. Er liebte Gott und die Menschen, er erfüllte den Willen Gottes und folgte Jesus nach.

**Die Kirche verehrt viele Verstorbene als Heilige. Sie leben in Christus.
Sie sind uns ein Vorbild.
Wir rufen sie an als unsere Fürsprecher.**

Wir verehren die Heiligen, indem wir
- ihr Gedächtnis feiern,
- sie als Vorbilder ansehen,
- sie um ihre Fürbitte bei Gott anrufen.

Es ist üblich, den Christen in der Taufe den Namen von Heiligen zu geben. Sie sollen dem Getauften eine Hilfe sein auf dem Weg zu Gott. Gott allein beten wir an; die Heiligen verehren wir.

Die Kirche begeht das Gedächtnis von heiligen Männern, Frauen und Kindern. Das Fest eines Heiligen wird gewöhnlich an seinem Todestag gefeiert. Dadurch bekennt die Kirche, daß die Heiligen ihr Leben vor Gott vollendet haben und nun ganz bei Gott leben. Christen, die den Namen eines Heiligen tragen, feiern an diesem Gedenktag ihren **Namenstag.** Sie erinnern sich an ihre Taufe und denken daran, daß sie berufen sind, als Christ zu leben.

In der Kirche werden von Anfang an vor allem die als Heilige verehrt, die für ihren Glauben in den Tod gegangen sind.
Wir nennen sie **Märtyrer** (Zeugen).

Viele Menschen haben durch ihr heiliges Leben ihre Zeit mitgeprägt. Ihr Wirken ist bis heute spürbar. Im öffentlichen Leben, in der Stille, durch Gebet und Opfer, durch tätige Nächstenliebe, durch Arbeit in Wissenschaft und Kultur wirkten sie als Christen beispielhaft.

Was weiß ich über meinen Namenspatron?
Wer sind die Namenspatrone meiner Eltern und Geschwister?
Welchen Namenspatron hat meine Pfarrkirche und mein Bistum?
Welche Heiligen werden in unserem Bistum besonders verehrt?

Ein Heiliger und Freund
der Armen:
Martin von Tours,
geboren 316,
gestorben 397;
Gedenktag: 11. November

Martins Mantelteilung
(Oberschwaben um 1440)

Martin wurde als Sohn eines römischen Offiziers im heutigen Ungarn geboren. Mit 15 Jahren wurde er Soldat und kam nach Frankreich. Am Stadttor zu Amiens teilte er seinen Mantel mit einem frierenden Bettler. Im Alter von 18 Jahren empfing er die Taufe. Er verließ die Armee und wurde Schüler des heiligen Hilarius in Poitiers. Als Missionar versuchte er, die Menschen für Christus zu gewinnen. 361 gründete er das erste Kloster Galliens. 371 wählten ihn Priester und Gläubige zum Bischof von Tours. In seinem Bistum kümmerte sich Martin besonders um die Kranken und Armen. Er sorgte für Recht und Gerechtigkeit in seinem Volk. Bei einer seiner Missionsreisen starb er und wurde in Tours begraben. Sein Grab wurde fränkisches Nationalheiligtum. Viele Kirchen sind ihm geweiht.

Seinen Gedenktag feiern wir in den Städten und Dörfern mit Martinszügen.

Im Traum erschien Jesus dem jungen Martin und sagte:
„Der Taufbewerber Martin hat mich mit diesem Gewand bekleidet.“

Was ihr für einen
meiner geringsten Brüder getan habt,
das habt ihr mir getan.

Mt 25,40

Ein heiliger Erneuerer der Kirche:
Franz von Assisi,
geboren 1181/82,
gestorben 1226;
Gedenktag: 4. Oktober

Ich, der ganz geringe Bruder Franziskus, will dem Leben und der Armut unseres höchsten Herrn Jesus Christus und seiner heiligsten Mutter nachfolgen.

Franziskus predigt den Vögeln (Basilika in Assisi)

Franz (Franziskus) wurde als Sohn eines reichen Tuchhändlers in Assisi geboren. Er entdeckte für seine Zeit neu die Frohe Botschaft. In Armut und Selbstverleugnung begann er, Christus nachzufolgen. Sein Vater verstieß ihn. Bald schlossen sich ihm junge Menschen an. Sie wollten wie er nach dem Evangelium leben. Für sie entwarf er eine Lebensregel. So wurde er der Gründer der franziskanischen Ordensfamilie. In Einfachheit und Armut lebten sie mit ihm zusammen. Franz liebte Gott über alles und lobte ihn mit allen seinen Geschöpfen. Kurz vor seinem Tod verfaßte er den berühmten Sonnengesang, ein Dank- und Loblied an Gott für die Schöpfung.

Er selbst ist für viele Menschen bis heute der geliebte „Bruder Franz". Wegen seines fröhlichen Herzens und seines einfachen Lebens ist er allen, besonders den jungen Menschen, ein Vorbild.

5. Maria, die Mutter des Herrn

Aus dem Leben der Gottesmutter

Unter allen Heiligen verehren wir in besonderer Weise Maria, die Mutter unseres Herrn Jesus Christus. Ihr Sohn ist Mensch und Gott zugleich. Darum nennen wir sie die Gottesmutter.

Mariä Verkündigung:
„Mir geschehe nach deinem Wort"

Der Evangelist Lukas berichtet:
Der Engel Gabriel wurde von Gott in die Stadt Nazaret in Galiläa zu einer Jungfrau gesandt. Sie war mit einem Mann namens Josef verlobt, der aus dem Haus David stammte. Der Name der Jungfrau war Maria. Der Engel trat bei ihr ein und sagte:
Sei gegrüßt, du bist voll der Gnade, der Herr ist mit dir!
Sie erschrak über diese Anrede und überlegte, was dieser Gruß zu bedeuten habe. Da sagte der Engel zu ihr:
Fürchte dich nicht, Maria; denn du hast vor Gott Gnade gefunden. Du wirst ein Kind bekommen, einen Sohn wirst du gebären; dem sollst du den Namen Jesus geben. Er wird groß sein und Sohn des Höchsten genannt werden. Gott, der Herr, wird ihm den Thron seines Vaters David geben. Er wird über das Haus Jakob in Ewigkeit herrschen, und seine Herrschaft wird kein Ende haben.

Maria sagte zu dem Engel: Wie soll das geschehen, da ich mit keinem Mann zusammenlebe? Der Engel antwortete ihr: Der Heilige Geist wird über dich kommen, und die Kraft des Höchsten wird dich überschatten. Deshalb wird auch das Kind heilig und Sohn Gottes genannt werden. Auch Elisabet, deine Verwandte, hat noch im Alter einen Sohn empfangen; sie ist jetzt schon im sechsten Monat. Denn für Gott ist nichts unmöglich. Da sagte Maria: Ich bin die Magd des Herrn; mit mir geschehe, wie du gesagt hast. Danach verließ sie der Engel.
Lk 1,26–38

Nach dem Beispiel des Engels grüßen wir die Gottesmutter mit dem „Ave Maria“ und dem „Engel des Herrn“.

Weil Jesus auch das göttliche Wort genannt wird, das für uns Mensch („Fleisch“) geworden ist, sagen wir *„Und das Wort ist Fleisch geworden und hat unter uns gewohnt.“*

Das „Ave Maria“
(Gegrüßet seist du, Maria)

Gegrüßet seist du,
Maria,
voll der Gnade,
der Herr ist mit dir.
Du bist gebenedeit unter den Frauen,
und gebenedeit ist die Frucht deines Leibes,
Jesus.
Heilige Maria, Mutter Gottes,
bitte für uns Sünder
jetzt und in der Stunde unseres Todes.
Amen.

Der „Angelus“
(„Engel des Herrn“)

Verkündigung an Maria
(Martin Schongauer um 1480)

Der Engel des Herrn brachte Maria die Botschaft,
und sie empfing vom Heiligen Geist.
Gegrüßet seist du, Maria, . . .

Maria sprach: Siehe, ich bin die Magd des Herrn;
mir geschehe nach deinem Wort.
Gegrüßet seist du, Maria, . . .

Und das Wort ist Fleisch geworden
und hat unter uns gewohnt.
Gegrüßet seist du, Maria, . . .

Bitte für uns, heilige Gottesmutter,
daß wir würdig werden
der Verheißung Christi.

Allmächtiger Gott,
gieße deine Gnade in unsere Herzen ein.
Durch die Botschaft des Engels haben wir die
Menschwerdung Christi, deines Sohnes, erkannt.
Laß uns durch sein Leiden und Kreuz zur Herrlichkeit
der Auferstehung gelangen.
Darum bitten wir
durch Christus, unsern Herrn.
Amen.

Das Ave-Läuten der Kirchenglocken dreimal am Tag – morgens, mittags und abends – erinnert an die Menschwerdung Gottes. Es lädt uns ein, den „Engel des Herrn“ zu beten.

Das Hochfest der Verkündigung des Herrn feiern wir am 25. März. Die Kirche betet:

Gott, du bist groß und unbegreiflich.
Nach deinem Willen ist dein ewiges Wort im Schoße der Jungfrau Mensch geworden.
Gläubig bekennen wir, daß unser Erlöser wahrer Gott und wahrer Mensch ist.
Mach uns würdig, Anteil zu erhalten an seinem göttlichen Leben.
Darum bitten wir durch ihn, Jesus Christus, deinen Sohn, unseren Herrn und Gott, der mit dir lebt und herrscht in alle Ewigkeit.
Amen.

Der Evangelist Lukas berichtet, daß Maria in der Freude über ihre Auserwählung ein Lob- und Danklied gesungen hat.
Es ist das Magnifikat.

Maria sprach:

Meine Seele preist die Größe des Herrn, und mein Geist jubelt über Gott, meinen Retter.
Denn auf die Niedrigkeit seiner Magd hat er geschaut. Siehe, von nun an preisen mich selig alle Geschlechter.

Der Mächtige hat Großes an mir getan, und sein Name ist heilig.
Er erbarmt sich von Geschlecht zu Geschlecht über alle, die ihn fürchten.
Lk 1,46–50

Sternsinger

Erscheinung des Herrn (Fest der Heiligen Drei Könige):
„Sie sahen das Kind und seine Mutter."

Der Evangelist Matthäus berichtet vom Kommen des Herrn in die Welt:

Als Jesus zur Zeit des Königs Herodes in Betlehem in Judäa geboren worden war,
kamen Sterndeuter aus dem Osten nach Jerusalem und fragten: Wo ist der neugeborene König der Juden? Wir haben seinen Stern aufgehen sehen und sind gekommen, um ihm zu huldigen.
Und der Stern, den sie hatten aufgehen sehen, zog vor ihnen her bis zu dem Ort, wo das Kind war; dort blieb er stehen. Als sie den Stern sahen, wurden sie von sehr großer Freude erfüllt. Sie gingen in das Haus und sahen **das Kind und Maria, seine Mutter;** da fielen sie nieder und huldigten ihm. Dann holten sie ihre Schätze hervor und brachten ihm Gold, Weihrauch und Myrrhe als Gabe dar.
Mt 2,1–2, 9–11

Die Weisen huldigen dem Herrn (Schnitzaltar, 16. Jahrhundert)

Die Kirche betet am Fest der Erscheinung des Herrn:

Gott,
durch den Stern, dem die Weisen gefolgt sind,
hast du am heutigen Tag den Heidenvölkern deinen Sohn geoffenbart.
Auch wir haben dich schon im Glauben erkannt.
Führe uns zur Anschauung deiner Herrlichkeit.
Darum bitten wir dich durch Christus, unsern Herrn.

Die Hochzeit zu Kana:
„Was er euch sagt, das tut!"

Der Evangelist Johannes berichtet:

Am dritten Tag fand in Kana in Galiläa eine Hochzeit statt, und die Mutter Jesu war dabei.
Auch Jesus und seine Jünger waren zur Hochzeit eingeladen.

Als der Wein ausging, sagte die Mutter Jesu zu ihm:
Sie haben keinen Wein mehr.
Jesus erwiderte ihr: Was willst du von mir, Frau? Meine Stunde ist noch nicht gekommen.

Seine Mutter sagte zu den Dienern:

Was er euch sagt, das tut.

Jesus sagte zu den Dienern: Füllt die Krüge mit Wasser! Und sie füllten sie bis zum Rand. Er sagte zu ihnen: Schöpft jetzt, und bringt es dem, der für das Festmahl verantwortlich ist. Sie brachten es ihm.
Das Wasser war zu Wein geworden.
So tat Jesus sein erstes Zeichen, in Kana in Galiläa, und offenbarte seine Herrlichkeit; und seine Jünger glaubten an ihn.

Joh 2,1–5, 7–8.11

Das Weinwunder zu Kana (Buchmalerei)

So erzählt der Evangelist das erste Wunder Jesu. Zugleich berichtet er, daß Maria die Not der Menschen sah und sie auf Christus hingewiesen hat: „Was er euch sagt, das tut!"

Wir Christen vertrauen darauf, daß Maria auch unsere Nöte sieht und für uns bittet. Immer aber weist sie uns auf Christus, ihren göttlichen Sohn, hin.

Maria unter dem Kreuz:
„Siehe, deine Mutter!“

Der Evangelist Johannes erzählt:

Bei dem Kreuz Jesu standen seine Mutter und die Schwester seiner Mutter, Maria, die Frau des Klopas, und Maria von Magdala. Als Jesus seine Mutter sah und bei ihr den Jünger, den er liebte, sagte er zu seiner Mutter:
Frau, siehe, dein Sohn!
Dann sagte er zu seinem Jünger:
Siehe, deine Mutter!
Und von jener Stunde an nahm sie der Jünger zu sich.

Joh 19,25–27

Auch wir sind Jünger des Herrn; Maria ist auch unsere Mutter.

Flügelaltar
(R. v. Weyden, 15. Jahrhundert)

2. Welch ein Schmerz der Auserkornen, / da sie sah den Eingebornen, / wie er mit dem Tode rang. / Angst und Jammer, Qual und Bangen, / alles Leid hielt sie umfangen, / das nur je ein Herz durchdrang.
3. Ach, für seiner Brüder Schulden / sah sie ihn die Marter dulden, / Geißeln, Dornen, Spott und Hohn, / sah ihn trostlos und verlassen / an dem blutgen Kreuz erblassen, / ihren lieben einzgen Sohn.

T: Jakopone da Todi vor 1306
M: Köln 1638

Maria, die Schmerzensmutter:

Dir wird ein Schwert durch die Seele dringen.
Lk 2,35

Ein Mariengebet aus unserer Zeit:

Heilige Maria,
schau voll Güte auf alle, die Leid tragen,
auf alle, die mit Schmerzen zu kämpfen haben.
Habe Mitleid mit denen, die sich lieben und getrennt sind;
habe Mitleid mit der Schwäche unseres Glaubens;
habe Mitleid mit denen, die wir lieben;
habe Mitleid mit allen, die weinen.
Gib ihnen Hoffnung und Frieden!
Amen.

Maria hat mit ihrem Sohn gelitten. Ihr Schmerz war unermeßlich. Darum haben die Christen immer das Vertrauen gehabt, daß sie auch unser Leid und unseren Schmerz verstehen und mitempfinden kann.

In vielen Kirchen finden wir Maria mit ihrem toten Sohn auf dem Schoß – die Pietà – dargestellt. Zu ihr beten die Christen, wenn sie selber von schwerem Leid heimgesucht sind. Bei ihr finden sie Trost und Zuversicht.

Marienkrönung:

„Du bist der Ruhm Jerusalems, du bist die Freude Israels und der Stolz unseres Volkes.“
Jud 15,9

In der Offenbarung des Johannes heißt es:

Da erschien ein großes Zeichen am Himmel: Eine Frau, umgeben von der Sonne, den Mond unter ihren Füßen, und ein Kranz von zwölf Sternen auf ihrem Haupt.
Offb 12,1

Die Frau, die am Himmel als das große Zeichen erscheint, ist die Mutter des Messias, die Mutter der Kirche.
Die Kirche bekennt, daß Jesus seine Mutter nach Vollendung ihres Erdenlebens in seine himmlische Herrlichkeit aufgenommen und gekrönt hat.
Im Rosenkranz beten wir: „Jesus, der dich, o Jungfrau, im Himmel gekrönt hat.“

Marienkrönung vom Münster in Freiburg i. Br.

Ein Mariengruß der Kirche: „Salve Regina“ („Sei gegrüßt, o Königin“)

Sei gegrüßt, o Königin, Mutter der Barmherzigkeit;
unser Leben, unsere Wonne und unsere Hoffnung,
sei gegrüßt!
Zu dir rufen wir, verbannte Kinder Evas;
zu dir seufzen wir trauernd und weinend
in diesem Tal der Tränen.
Wohlan denn, unsere Fürsprecherin,
wende deine barmherzigen Augen uns zu,
und nach diesem Elend zeige uns Jesus,
die gebenedeite Frucht deines Leibes.
O gütige, o milde, o süße Jungfrau Maria!

Elend bedeutet Leben in der Fremde.

2. Dein Mantel ist sehr weit und breit, / er deckt die ganze Christenheit, / er deckt die weite, weite Welt, / ist aller Zuflucht und Gezelt.
3. Maria, hilf der Christenheit, / dein Hilf erzeig uns allezeit; / komm uns zu Hilf in allem Streit, / verjag die Feind all von uns weit.
4. O Mutter der Barmherzigkeit, / den Mantel über uns ausbreit; / uns all darunter wohl bewahr / zu jeder Zeit in aller Gfahr.

T und M: nach Innsbruck 1640

Schutzmantelmadonna
(Seeschwäbisch um 1420)

Wie ein Kind sich in die Arme seiner Mutter flüchtet, so haben die Christen zu Maria ihre Zuflucht genommen.

Unter deinen Schutz und Schirm fliehen wir,
heilige Gottesmutter.
Verschmähe nicht unser Gebet in unseren Nöten,
sondern errette uns jederzeit aus allen Gefahren,
o du glorwürdige und gebenedeite Jungfrau,
unsere Frau,
unsere Mittlerin,
unsere Fürsprecherin.
Führe uns zu deinem Sohne,
empfiehl uns deinem Sohne,
stelle uns vor deinem Sohne!

Marienkapelle bei Andechs

Wir verehren Maria im Kirchenjahr

An allen Hochfesten des Herrn im Kirchenjahr verehren wir auch Maria, seine Mutter.

→ Kirchenjahr,
S. 76–81

Die beiden höchsten Marienfeste im Laufe des Jahres sind:

Das Hochfest der ohne Erbsünde empfangenen Gottesmutter Maria (8. Dezember): Von Ewigkeit her ist Maria erwählt gewesen, Mutter Gottes zu sein. Darum hat Gott sie vom ersten Augenblick ihres Lebens an von jedem Makel der Sünde bewahrt.

Das Hochfest der Aufnahme Mariens in den Himmel (15. August): Maria ist nach ihrem irdischen Leben mit Leib und Seele in die himmlische Herrlichkeit aufgenommen worden.

Allmächtiger, ewiger Gott,
du hast die
selige Jungfrau Maria,
die uns Christus geboren
hat,
vor aller Sünde bewahrt
und sie mit Leib und Seele
zur Herrlichkeit
des Himmels erhoben.
Gib, daß wir
auf dieses Zeichen
der Hoffnung und
des Trostes schauen
und auf dem Weg bleiben,
der hinführt
zu deiner Herrlichkeit.
Darum bitten wir
durch Jesus Christus,
deinen Sohn,
unseren Herrn und Gott.
Amen.

2. Den du zu tragen würdig warst, / – Freu dich, Maria! – / der Heiland lebt, den du gebarst. Halleluja. / Bitt Gott für uns, Maria.

3. Er ist erstanden von dem Tod, / – Freu dich, Maria! – / wie er gesagt, der wahre Gott. Halleluja. / Bitt Gott für uns, Maria.

4. Bitt Gott für uns, so wird's geschehn, / – Freu dich, Maria! – / daß wir mit Christus auferstehn. Halleluja. / Bitt Gott für uns, Maria.

T: nach Konstanz 1600, nach „Regina caeli" 12. Jh. M: Konstanz 1600

Marienfeste und Gedenktage der Mutter Gottes sind:

der 1. Januar:
Hochfest der Gottesmutter Maria

der 2. Februar:
Darstellung des Herrn
(volkstümlich Mariä Lichtmeß)

der 25. März:
Verkündigung des Herrn
(volkstümlich Mariä Verkündigung):
„Der Engel des Herrn brachte Maria die Botschaft"

der 2. Juli:
Mariä Heimsuchung
Maria begegnet Elisabet und preist die Größe des Herrn

der 8. September:
Mariä Geburt
Weil Maria heilig, ohne Erbsünde, geboren wurde, wird auch ihre Geburt von der Kirche gefeiert.

der 12. September:
Mariä Namen
An diesem Tag begehen viele, die den Namen Maria tragen, ihren Namenstag.

der 15. September:
Gedächtnis der Schmerzen Mariens
An diesem Tag erinnern wir uns daran, daß Maria in ihrem Leben auch Leid und Schmerz getragen hat.

der 7. Oktober:
das Rosenkranzfest
Das Fest gilt der „Rosenkranzkönigin", auf deren Fürsprache die Kirche vertraut.

Der **Samstag** jeder Woche und die Monate Mai (Maiandacht) und Oktober (Rosenkranzandacht) sind dem Gedächtnis der Mutter Gottes geweiht.

Heimsuchung
(Holzschnitzerei, Köln um 1065)

Marienwallfahrten

Wallfahrer zeigen, daß sie unterwegs sind in ihrem Leben, hin zu Gott. Eltern und Kinder, jung und alt, Kranke und Gesunde machen sich auf und suchen in der Gemeinschaft der Wallfahrt Gnade und Freude.

Es gibt viele Orte in der Welt, zu denen die Christen sich aufmachen, um dort zu beten. Manche sind der Heiligen Dreifaltigkeit oder Christus, dem Erlöser, geweiht. Viele solcher Wallfahrtsorte sind Gnadenorte der Muttergottes.

Kevelaer

Lourdes

Altötting, Gnadenaltar

Altötting

Kennst du berühmte Wallfahrtsorte?

Welcher Wallfahrtsort liegt in der Nähe deiner Heimat, in deinem Bistum?

Der Rosenkranz

Unter den vielen Gebeten zu Maria hat das Rosenkranzgebet besondere Bedeutung. Beim Beten des Rosenkranzes betrachten wir die Geheimnisse der Menschwerdung, des Leidens und der Herrlichkeit Jesu Christi. Das Rosenkranzgebet ist wie die Summe des ganzen Evangeliums (Papst Paul VI.).

Die 15 Gesätze des Rosenkranzes
(E. Weinert, 1981)

Jedes Gesätz beginnt mit dem Vaterunser. Es folgt zehnmal das Ave Maria; nach dem Namen „Jesus" wird jedesmal das entsprechende Geheimnis eingefügt. Das Gesätz schließt mit dem Ehre sei dem Vater.

Eröffnung
Im Namen des Vaters . . .
Ich glaube an Gott . . . Ehre sei dem Vater . . . Vater unser . . . Gegrüßet seist du, Maria . . .
Jesus, der in uns den Glauben vermehre
Jesus, der in uns die Hoffnung stärke
Jesus, der in uns die Liebe entzünde
Ehre sei dem Vater . . .

Die freudenreichen Geheimnisse:
Jesus, den du, o Jungfrau, vom Heiligen Geist empfangen hast
Jesus, den du, o Jungfrau, zu Elisabet getragen hast
Jesus, den du, o Jungfrau, (in Betlehem) geboren hast
Jesus, den du, o Jungfrau, im Tempel aufgeopfert hast
Jesus, den du, o Jungfrau, im Tempel wiedergefunden hast

Die schmerzhaften Geheimnisse:
Jesus, der für uns Blut geschwitzt hat
Jesus, der für uns gegeißelt worden ist
Jesus, der für uns mit Dornen gekrönt worden ist
Jesus, der für uns das schwere Kreuz getragen hat
Jesus, der für uns gekreuzigt worden ist

Die glorreichen Geheimnisse:
Jesus, der von den Toten auferstanden ist
Jesus, der in den Himmel aufgefahren ist
Jesus, der uns den Heiligen Geist gesandt hat
Jesus, der dich, o Jungfrau, in den Himmel aufgenommen hat
Jesus, der dich, o Jungfrau, im Himmel gekrönt hat

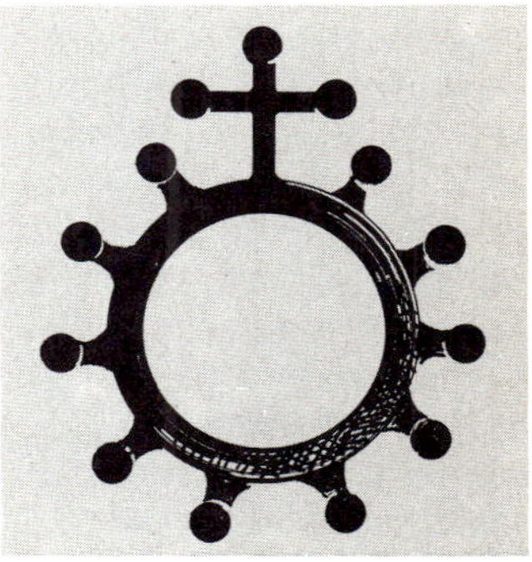

WIR
LEBEN MIT GOTT

Taufbecken
(St. Paul in Duisburg-Hamborn, M. Franke)

6. Wir sind getauft

In der Taufe werden wir Kinder Gottes

Die Kirche hat von Anfang an die Menschen getauft, die sich zum Glauben an Jesus Christus und seine Kirche bekannten.

Der Evangelist Matthäus berichtet:
Jesus trat auf die Jünger zu und sagte zu ihnen: Mir ist alle Macht gegeben im Himmel und auf der Erde. Darum geht zu allen Völkern, und macht alle Menschen zu meinen Jüngern; tauft sie auf den Namen des Vaters und des Sohnes und des Heiligen Geistes, und lehrt sie, alles zu befolgen, was ich euch geboten habe. Seid gewiß: Ich bin bei euch alle Tage bis zum Ende der Welt.
Mt 28,18–20

Der Evangelist Markus schreibt:
Wer glaubt und sich taufen läßt, wird gerettet; wer aber nicht glaubt, wird verdammt werden.
Mk 16,16

Getauft sein heißt: zu Jesus Christus gehören

Die Kirche verkündet:

- Gott liebt alle Menschen.
- Jesus Christus ist für alle gestorben und auferstanden.
- Er ist unser Erlöser.
- Er ist uns nahe.
- Durch seinen Geist lebt er in den Getauften und in seiner Kirche.
- Er will, daß alle Menschen in ihm eins seien und einander lieben.

Wer sich dieser Frohen Botschaft zuwendet und die Liebe Gottes annimmt, glaubt an Jesus Christus. Der Glaube wird durch die Taufe besiegelt.

Der Diakon Philippus verkündete dem Hofbeamten der Königin von Äthiopien auf der Straße nach Gaza die Frohe Botschaft von Jesus:

Als sie so dahinfuhren, kamen sie an ein Wasser. Da sagte der Hofbeamte: Hier ist Wasser. Kann ich getauft werden? Da sagte Philippus zu ihm: Wenn du aus ganzem Herzen glaubst, dann kann es geschehen.

Er antwortete: Ich glaube, daß Jesus Christus der Sohn Gottes ist. Er ließ

den Wagen halten. Philippus und der Hofbeamte stiegen in das Wasser hinab, und er taufte ihn.
nach Apg 8.26–38

In der Taufe befreit Jesus Christus die Menschen von der Erbschuld und jeder Sünde. Aus dem Wasser und dem Heiligen Geist werden sie zu einem neuen Leben geboren, zu einem Leben in Christus: sie werden Kinder Gottes.

Der Apostel Johannes sagt:
Seht, wie groß die Liebe ist, die der Vater uns geschenkt hat: Wir heißen Kinder Gottes, und wir sind es.
1 Joh 3,1

Christus verbindet den einzelnen Menschen mit Gott und mit allen anderen, die an ihn glauben.
Das Sakrament der Taufe bewirkt die Eingliederung in die Gemeinschaft der Kirche.

Die Taufgnade soll für immer das Leben des Christen prägen. Sie gibt dem Getauften Kraft und Mut, das Gute zu tun und Böses zu meiden.

Der Apostel Paulus schreibt den Neubekehrten und Getauften:
Ihr habt Christus als Herrn angenommen. Darum lebt auch in ihm! Bleibt in ihm verwurzelt und auf ihn gegründet, und haltet an dem Glauben fest, in dem ihr unterrichtet werdet. Hört nicht auf zu danken!
Kol 2,6–7

In der Taufe verbindet sich Christus für immer mit uns. Wir erhalten in der Taufe Gemeinschaft mit ihm und allen Glaubenden. Wir werden Glieder seiner Kirche. So können wir Christus nachfolgen, das Böse überwinden und zum ewigen Leben gelangen.

Taufkapelle
(Fessenheim, Schwaben)

Die Feier der Taufe

In den ersten Jahrhunderten wurde die Taufe den Erwachsenen, die gläubig geworden waren, nach langer Vorbereitung gespendet. Sie empfingen die Taufe meistens in der Osternacht.

Gläubige Eltern aber ließen bereits ihre Kinder taufen. So ist es auch heute. Die Kindertaufe zeigt, daß der Beginn des neuen Lebens und die Eingliederung in die Gemeinschaft der Kirche nicht Menschenwerk, sondern Geschenk Gottes ist.

Mit der Taufe beginnt für uns der Weg, auf dem wir immer tiefer in den Glauben geführt werden. Dabei hilft uns der Heilige Geist. Eltern, Paten und die ganze Gemeinde tragen dafür die Verantwortung. Durch ihren Glauben und durch ihr christliches Leben helfen sie dem getauften Kind, den Glauben zu leben und zu bekennen.

Bei der Erstkommunion und besonders bei der Firmung bekennen die Kinder den Glauben der Kirche. Sie entscheiden sich bewußt für das Leben in Christus. Sie erneuern mit dem Glaubensbekenntnis das Taufversprechen. In der Feier der Osternacht erneuern alle Gläubigen mit der ganzen Gemeinde ihr Bekenntnis zum Glauben an Jesus Christus.

Mit unserer Taufe wurden wir durch Jesus Christus in die Gemeinschaft der Kirche aufgenommen. Durch den Heiligen Geist macht er uns zu Kindern Gottes und alle Christen zu Brüdern und Schwestern. Die Tauffeier ist darum ein Fest für die ganze Gemeinde. Neben Eltern, Paten und Verwandten soll auch die Pfarrgemeinde an der Feier teilnehmen.

▪ Zur Tauffeier empfängt der Priester oder der Diakon Eltern, Paten und die ganze Taufgemeinde am Eingang der Kirche. Die Eltern erbitten die Taufe ihres Kindes.

▪ Der Priester oder Diakon, Eltern und Paten zeichnen dem Kind das Kreuz auf die Stirn. Das Kreuz ist das Zeichen Jesu Christi. Es bedeutet, daß wir zu Christus gehören.

▪ Durch Fürbitten und Handauflegung wird für das Kind, seine Eltern, Paten und Angehörige Gottes Segen erbeten.

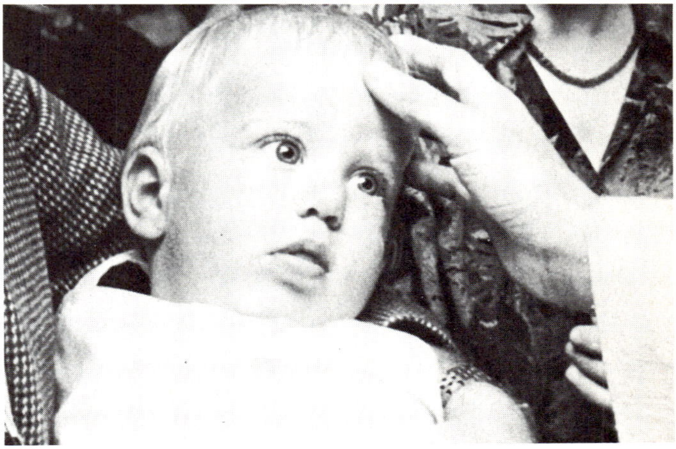

▪ Am Taufbrunnen bekennen Eltern und Paten und die ganze Gemeinde stellvertretend für das Kind ihren Glauben und versprechen, das Kind zum Glauben zu führen und dem Bösen zu widersagen.

▪ Der Priester oder der Diakon gießt Wasser über den Kopf des Kindes und spricht dabei:

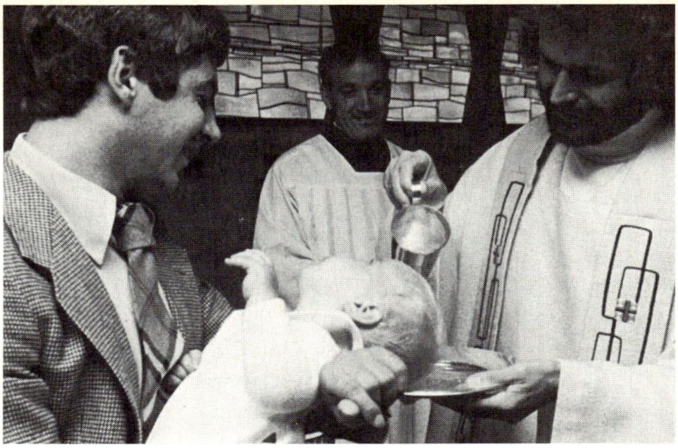

Ich taufe dich im Namen des Vaters und des Sohnes und des Heiligen Geistes.

▪ Der Priester oder der Diakon salbt den Täufling mit geweihtem Öl (Chrisam). Die Salbung besagt, daß der Getaufte nun zum Volk Gottes und zu Christus, dem Gesalbten, gehört.

▪ Dem Neugetauften wird das weiße Kleid, das Taufkleid, überreicht.
Es ist Zeichen des neuen Lebens in der Gemeinschaft mit Christus.

▪ Die Taufkerze wird an der Osterkerze angezündet. Sie ist Zeichen für Christus, das Licht, das den Getauften auf dem Weg des Lebens begleiten soll.

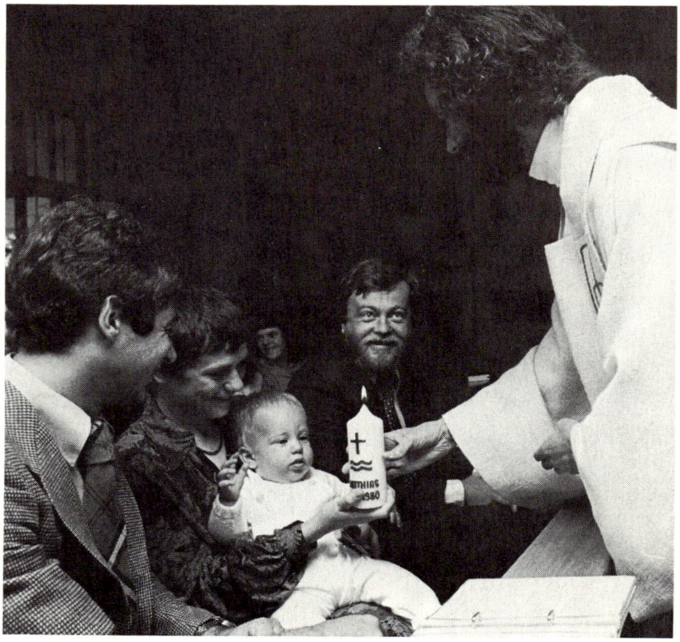

Jesus sagt:

**Ich bin das Licht der Welt.
Wer mir nachfolgt,
wird nicht in der Finsternis umhergehen,
sondern wird das Licht des Lebens haben.**
Joh 8,12

**Ihr seid das Licht der Welt. Eine Stadt,
die auf einem Berg liegt,
kann nicht verborgen bleiben.**
Mt 5,14

Die Tauffeier schließt mit dem Vaterunser und dem Segen des Priesters.

Wir beten:
**Lieber Vater im Himmel,
durch die heilige Taufe gehören wir
zu deiner Kirche.
Erhalte uns durch dein Wort
und dein Sakrament in deiner Liebe.**

*Fest soll mein Taufbund immer stehn
zum Herrn will ich gehören.
Er ruft mich, seinen Weg zu gehn
und will sein Wort mich lehren.
Dank sei dem Herrn, der mich aus Gnad
in seine Kirch' berufen hat;
ihr will ich gläubig folgen!*

*Dein Tod am Kreuz, Herr Jesu Christ,
ist für uns ewiges Leben;
vom Grab du auferstanden bist,
hast uns die Schuld vergeben.
Dein Volk, o Herr, dich lobt und preist;
denn aus dem Wasser und dem Geist
hast du uns neu geboren.*

Gotteslob 965 – Köln

Wenn ein Kind noch nicht getauft ist und in Lebensgefahr kommt, soll ihm die **Nottaufe** gespendet werden.

→ Die Taufe, S. 83

Der Apostel Paulus sagt den Christen:

Freut euch im Herrn zu jeder Zeit! Noch einmal sage ich euch: freut euch!
Phil 4,4

BLUFF
NEW ZEALAND
LATITUDE
46·36 MIN. 54 SEC.
SOUTH
AA
SOUTHLAND
LONGITUDE
168·21 MIN. 26 SEC.
EAST
15008 km NEW YORK
EQUATOR 5133 km
1680 km
784 km WELLINGTON
SYDNEY 2000 km
RUAPUKE ISLAND
CAPE REINGA 1323 km
18912 km

7. Wir leben vor Gott

Wir müssen uns entscheiden

Gott ist immer bei uns, solange wir leben. Wir vertrauen auf ihn, wir verlassen uns auf ihn, wir gehorchen ihm. Wir wollen seinen Willen erkennen und ihn tun. Das ist nicht schwer, denn der Heilige Geist erleuchtet uns; die Gebote Gottes und die Weisungen der Kirche helfen uns, den Willen Gottes zu erkennen und zu erfüllen.
Alles, was wir entscheiden und tun, müssen wir vor Gott verantworten.

Wir beten: *Guter Gott, solange wir leben, müssen wir uns entscheiden, müssen Stellung nehmen, müssen ja oder nein sagen.*
Hilf uns, Herr, daß wir deinen Willen erkennen und das Rechte tun. Gib uns Mut und Kraft dazu.

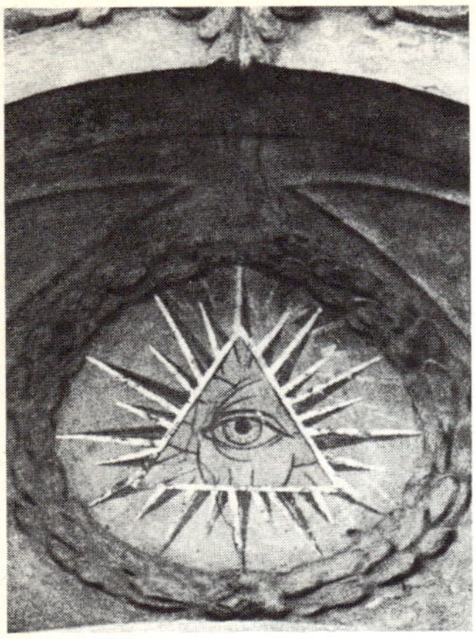

Wir leben nach dem Gewissen

Das Gewissen ist eine geistige Kraft, die Gott allen Menschen gegeben hat. Es ist die Fähigkeit, Gutes und Böses zu unterscheiden, gerecht und gut zu handeln. Wir müssen diese Kraft üben und bilden. Wir müssen lernen, was gut und böse ist.

Das Gewissen sagt: Tue das Gute – meide das Böse! Das recht gebildete Gewissen sagt dem Menschen, was er tun soll und was er nicht tun darf:

- es mahnt zum Guten,
- es warnt vor dem Bösen,
- es lobt uns, wenn wir Gutes getan haben,
- es tadelt uns, wenn wir Böses getan haben.

Auf dem Zweiten Vatikanischen Konzil wurde über das Gewissen gesagt: Im Inneren seines Gewissens entdeckt der Mensch ein Gesetz, das er sich nicht selbst gibt; ihm muß er gehorchen. Es ruft ihn zur Liebe und zum Tun des Guten und zur Unterlassung des Bösen an: Tu dies, meide jenes! Gott hat dem Menschen dieses Gesetz in sein Herz geschrieben. Diesem Gesetz zu gehorchen ist seine Würde.

Wer bei allem, was er tut, immer auch an das Wohl der anderen denkt, handelt umsichtig und gewissenhaft.

Der heilige Thomas Morus, Lordkanzler zu England, wollte lieber sterben als gegen sein Gewissen handeln.

Eine Lebensweisheit lautet: **Was du auch tust, handle klug, und bedenke das Ende!**

Schon im Alten Testament steht:

Was du nicht willst, daß man dir tu', das füg auch keinem andern zu!

Manchmal sind wir im Zweifel, wie wir uns entscheiden sollen. Dann müssen wir gründlich nachdenken, gute Menschen um Rat fragen und zu Gott beten. Unser Gewissen muß so gebildet und erleuchtet werden.

Wer tut, was sein Gewissen ihm sagt, handelt richtig. Selbst wenn sich später zeigen sollte, daß er sich getäuscht hat, so hat er doch vor Gott nicht falsch gehandelt. Gott will, daß wir unserem Gewissen folgen. Dann bleiben wir auf dem richtigen Weg.

Wie können wir dafür sorgen, daß unser Gewissen richtig gebildet ist?
Was ist gemeint, wenn wir von einem Menschen sagen:
Er hat ein zu enges oder zu weites Gewissen?
Wann nennen wir einen Menschen „gewissenlos"?

Wir leben nach den Geboten

Gott meint es mit uns Menschen gut. Er gibt uns durch seinen Sohn den Heiligen Geist als „Beistand". Er gibt uns Lebensregeln. Wir sollen unser Leben danach ausrichten. So können wir mit unseren Mitmenschen in Frieden zusammenleben.

Was das im einzelnen bedeuten kann, muß jeder immer wieder neu entdekken. Die Zehn Gebote Gottes helfen uns dabei. Sie sagen im einzelnen, was die Liebe zu Gott und den Mitmenschen verlangt.

Im Alten Testament sind sie die Grundlagen des Bundes zwischen Gott und seinem Volk. Gott gab seinem Volk die Gebote aus Liebe, als sein Erlöser und Befreier aus der Knechtschaft in Ägypten. Die Gebote sind die Lebensregeln zum Heil des Volkes. Sie sind bis heute die Grundlage für unser Leben in der Gemeinschaft.

Eine Kurzfassung der Zehn Gebote lautet:

Ich bin der Herr, dein Gott, der dich erlöst und befreit hat.

1. **Du sollst keine anderen Götter neben mir haben.**
2. **Du sollst den Namen Gottes nicht verunehren.**
3. **Gedenke, daß du den Sabbat heiligst.**
4. **Du sollst Vater und Mutter ehren.**
5. **Du sollst nicht töten.**
6. **Du sollst nicht ehebrechen.**
7. **Du sollst nicht stehlen.**
8. **Du sollst kein falsches Zeugnis geben wider deinen Nächsten.**
9. **Du sollst nicht begehren deines Nächsten Frau.**
10. **Du sollst nicht begehren deines Nächsten Hab und Gut.** vgl. Ex 20,1–17

Mose mit den Gesetzestafeln (Mainz, Marc Chagall)

Für den Christen bedeutet das erste Gebot:
Du sollst an Gott glauben, auf ihn hoffen und ihn über alles lieben. Du sollst Gott den ersten Platz einräumen in deinem Leben.

Für den Christen bedeutet das zweite Gebot:
Du sollst mit Ehrfurcht von Gott reden und seinen Namen nicht mißbrauchen. Du sollst in Ehrfurcht vor Gott leben.

Für den Christen bedeutet das dritte Gebot:
Du sollst mit der ganzen Kirche den Sonntag heilig halten. Er ist der Tag der Auferstehung Jesu Christi. Du sollst die heilige Messe mitfeiern und Gott durch Jesus Christus für das Opfer des Neuen Bundes danksagen.

Für den Christen bedeutet das vierte Gebot:
Du sollst deine Eltern ehren, lieben und ihnen in allen rechten Dingen gehorchen.
Du sollst als Mensch in der Gemeinschaft alle, die für dich eine Verantwortung tragen, achten und bereitwillig mit ihnen zusammenwirken.

Für den Christen bedeutet das fünfte Gebot:
Du sollst dein eigenes Leben und das Leben der Mitmenschen achten, es nicht unnötig in Gefahr bringen, nicht schädigen oder gar vernichten. Du sollst das Gebot der Nächstenliebe befolgen.

Für den Christen bedeutet das sechste und neunte Gebot:
Du sollst Ehrfurcht vor den geschlechtlichen Kräften haben. Du sollst dich selber in Zucht nehmen und die eheliche Treue hochschätzen und achten.

Für den Christen bedeutet das siebte und zehnte Gebot:
Du sollst mit deinem Besitz sorgsam umgehen und dem Nächsten nach deinen Möglichkeiten helfen. Du sollst nicht stehlen, nicht neidisch sein auf den Besitz der anderen. Mit fremden Gütern sollst du gewissenhaft umgehen.

Für den Christen bedeutet das achte Gebot:
Du sollst in allem die Wahrheit sagen. Du sollst beim Reden über andere die Nächstenliebe nicht vergessen.

Alle Gebote Gottes sind zusammengefaßt in dem einen Hauptgebot:

Du sollst den Herrn, deinen Gott, lieben und deinen Nächsten wie dich selbst!

Jesus gibt das „neue Gebot“: Ihr sollt einander lieben, wie ich euch geliebt habe.

Der Apostel Paulus sagt:

Und wenn ich meine ganze Habe verschenkte,
und wenn ich meinen Leib dem Feuer übergäbe,
hätte aber die Liebe nicht, nützte es mir nichts.
Die Liebe ist langmütig,
die Liebe ist gütig,
sie ereifert sich nicht,
sie prahlt nicht,
sie bläht sich nicht auf.
Sie handelt nicht ungehörig,
sucht nicht ihren Vorteil,
läßt sich nicht zum Zorn reizen,
trägt das Böse nicht nach.
Sie freut sich nicht über das Unrecht,
sondern freut sich an der Wahrheit.
Für jetzt bleiben Glaube, Hoffnung, Liebe, diese drei;
doch am größten unter ihnen ist die Liebe.

aus 1 Kor 13,3–6.13

→ Christen sorgen für den Nächsten, S. 175

Die Weisungen der Kirche

Die Kirche will mit ihren Weisungen allen gläubigen Christen helfen, mit Gott verbunden zu bleiben und Jesus nachzufolgen. Wer diese Weisungen treu befolgt, bekennt sich zu der Gemeinschaft der Kirche. Die fünf wichtigsten Weisungen der Kirche lauten:

1. **Feiere den Sonntag als „Tag des Herrn“!**
2. **An Sonn- und Feiertagen nimm regelmäßig an der heiligen Messe teil!**
3. **Am Freitag bringe ein Opfer!**
4. **Empfange regelmäßig, wenigstens aber in der österlichen Zeit, die Sakramente der Buße und des Altares!**
5. **Hilf der Kirche und deiner Gemeinde!**

aus dem Gotteslob

Wir leben
alle Tage mit Gott

Regeln, die uns helfen, mit Gott zu leben:

- Bete täglich!
- Geh jeden Sonn- und Feiertag in die heilige Messe!
- Tu jeden Tag etwas Gutes!
- Nütze deine Zeit sinnvoll!
- Erforsche jeden Abend dein Gewissen!
- Mache deine Fehler und Sünden durch Reue, Buße und regelmäßige Beichte wieder gut!
- Freue dich über alles Gute und Schöne, und danke Gott dafür!
- Suche Gelegenheiten, deinen Eltern und Geschwistern Freude zu bereiten!
- Sei ein guter Freund, und hilf denen, die dich brauchen!
- Sei nie mutlos, sondern vertraue auf Gott!

Herr, unser Gott,
dein ist der Tag,
und dein ist die Nacht.
Laß Christus,
die Sonne der Gerechtigkeit,
in unseren Herzen
nicht untergehen,
damit wir
aus dem Dunkel dieser Zeit
in das Licht gelangen,
in dem du wohnst.
Darum
bitten wir durch Christus,
unsern Herrn.

Aus dem Stundengebet der Kirche

Ein heiliger Freund der Jugend:
Johannes Don Bosco
geboren 1815,
gestorben 1888;
Gedenktag: 31. Januar.

Das Beste, was wir auf der Welt tun können, ist: Gutes tun, fröhlich sein und die Spatzen pfeifen lassen.

Der arme Junge Johannes Bosco mußte sich selber sein Studium verdienen. Er wurde als Priester in Turin der große Freund und Helfer der heimatlosen und verwahrlosten Jungen. Seine Mitarbeiter nannten sich nach dem heiligen Franz von Sales „Salesianer Don Boscos".

Bis heute nehmen sich die Salesianer in aller Welt in ihren Schulen und Heimen der Jugend an.

Don Bosco war ein hervorragender Erzieher, ein Mann unerschütterlichen Gottvertrauens. Er ist einer der größten Heiligen des vergangenen Jahrhunderts.

„Beim Gebet stehen wir mit geöffnetem Herzen vor Gott.“
Thomas von Aquin

Gebete

Jesus selbst hat in seinem Leben oft zu Gott, seinem Vater, gebetet und seine Jünger das Beten gelehrt.

→ Jesus lehrt beten, S. 44

Viele Menschen beten.
Sie beten,
wenn sie froh sind.
Sie beten,
wenn sie Sorgen haben.
Sie beten,
wenn sie allein sind.
Sie beten,
gemeinsam mit anderen.

Wir Christen beten, weil wir wissen:
- Gott ist für uns da.
- Er ist unser Vater.
- Er kennt uns.
- Er hört uns.

Mit Gott können wir alles besprechen.
Ihm können wir vertrauen.
Wenn wir mit Gott sprechen,
bleiben wir mit ihm verbunden.

Beten heißt:
- **Geist und Herz zu Gott erheben,**
- **ihn anbeten,**
- **ihm danken,**
- **ihn um etwas bitten,**
- **sich Gott schenken.**

Wenn wir in der Gemeinschaft beten, sprechen wir meistens in festgeformten oder gereimten Gebeten zu Gott.
Im persönlichen Gebet können wir alles, was uns erfreut und beglückt, unsere Sorgen und Wünsche, auch mit eigenen Worten Gott sagen.

Wir kennen verschiedene Formen und Anlässe des Betens.

Es gibt

- **das Lob- und Dankgebet:**
Wir freuen uns über die Herrlichkeit Gottes und die Schönheit seiner Schöpfung;

- **das Bittgebet:**
Wir erbitten für uns und andere Gottes Hilfe;

- **das Buß- und Sühnegebet:**
Wir erflehen für uns und andere Gottes Güte und Barmherzigkeit;

- **das stille, betrachtende Gebet:**
Wir hören auf das, was Gott uns sagen will, und bedenken es für unser Leben;

- **das Gebet in der Gemeinschaft, vor allem in der Feier des Gottesdienstes:**
Es läßt uns erleben, daß wir nicht alleine sind, sondern zur großen Familie der Kinder Gottes gehören.

Es gibt viele Orte und Gelegenheiten, die uns in besonderer Weise auffordern zu beten. Dennoch sind wir beim Beten nicht an Orte und Zeiten gebunden.

Es hilft uns sehr, regelmäßig und zu bestimmten Zeiten und Anlässen zu beten. Der Christ lobt am Morgen und am Abend Gott und bittet um Schutz und Segen für den Tag und für die Nacht. Er betet zu den Mahlzeiten und sagt Gott Dank für seine Gaben.

Segensbitten

Es segne mich Gott, der Vater, der Sohn und der Heilige Geist.

Der Herr segne dich und behüte dich. Der Herr lasse sein Angesicht über dir leuchten und sei dir gnädig. Der Herr wende sein Angesicht dir zu und schenke dir Heil.
Num 6,24–26

Morgengebete

Herr, allmächtiger Gott, am Beginn dieses neuen Tages bitten wir dich: schütze uns heute durch deine Kraft. Bewahre uns vor Verwirrung und Sünde. Laß uns denken, reden und tun, was recht ist vor dir. Durch Christus, unsern Herrn. Amen.

Engel Gottes, mein Beschützer, Gott hat dich gesandt, mich zu begleiten. Erleuchte, beschütze und führe mich. Amen.

Gott, Vater im Himmel, ein neuer Tag hat angefangen; du schenkst ihn mir. Ich freue mich und danke dir dafür.
Vor allem aber danke ich dir, daß du überall und immer bei mir bist und mich allezeit liebst; das macht mich froh.
Zeige mir heute, was recht und was unrecht ist.
Hilf mir, gut zu sein.
Amen.

Gotteslob Nr. 14/2

Tischgebete

Aller Augen warten auf dich, o Herr; du gibst uns Speise zur rechten Zeit. Du öffnest deine Hand und erfüllst alles, was lebt, mit Segen. Amen.

Herr, segne uns und diese Gaben, die wir von deiner Güte nun empfangen durch Christus, unseren Herrn. Amen.

Zum Gastmahl des ewigen Lebens führe uns der König der Herrlichkeit. Amen.

Wir danken dir, allmächtiger Vater, für alle deine Wohltaten, der du lebst und herrschest in Ewigkeit. Amen.

O Gott, von dem wir alles haben,
wir danken dir für diese Gaben.
Du speisest uns, weil du uns liebst.
O segne auch, was du uns gibst. Amen.

Dir sei, o Gott, für Speis und Trank,
für alles Gute Lob und Dank.
Du gabst, du willst auch künftig geben.
Dich preise unser ganzes Leben. Amen.

Komm, Herr Jesus, sei unser Gast, und segne, was du uns bescheret hast. Amen.

Abendgebete

Herr, in deine Hände lege ich voll Vertrauen meinen Geist. Amen.

Es segne und behüte uns der allmächtige und barmherzige Gott, der Vater, der Sohn und der Heilige Geist. Amen.

Ein Abendgebet der Familie

Bleibe bei uns, Herr, denn es will Abend werden, und der Tag hat sich geneigt. Bleibe bei uns und bei deiner ganzen Kirche. Bleibe bei uns am Abend des Tages, am Abend des Lebens, am Abend der Welt.

Bleibe bei uns mit deiner Gnade und Güte, mit deinem heiligen Wort und Sakrament, mit deinem Trost und Segen.

Bleibe bei uns, wenn über uns kommt die Nacht der Trübsal und Angst, die Nacht des Zweifels und der Anfechtung, die Nacht des bitteren Todes.

Bleibe bei uns und bei allen deinen Gläubigen in Zeit und Ewigkeit. Amen.

→ Mariengebete, S. 96–107

Andere Gebete:

Die Eltern mein
empfehl' ich dir,
behüte, lieber Gott,
sie mir.
Vergilt, o Herr,
weil ich nicht kann,
das Gute,
das sie mir getan. Amen.

Guter Gott, du hast mir Vater und Mutter gegeben. Sie sorgen für mich. Sie helfen mir.
Ich bitte dich: Halte sie gesund. Schenke ihnen Freude und Kraft. Steh ihnen zur Seite, wenn sie Sorgen haben.
Gib, daß wir uns gut verstehen.
Halte deine schützende Hand über uns, und laß uns alle zusammen zu dir finden. Amen.

Wir bitten dich, Herr, für alle Menschen, die krank sind, die allein sind, die Schmerzen haben oder Angst.
Sie brauchen dich.
Gib ihnen Menschen, die sie trösten, die ihnen helfen. Amen.

Wir bitten dich, Jesus, hilf uns in unserer Klasse zu einer guten Gemeinschaft.
Du hast uns gezeigt, wie einer dem andern helfen soll.
Laß uns gemeinsam erreichen, was einer allein nicht kann. Amen.

Jesus, wir wollen die Kinder in der Welt nicht vergessen:
die Kinder, die hungrig und durstig sind;
die Kinder, die ohne Eltern aufwachsen;
die Kinder, die keine Heimat haben;
die Kinder, die in großen Gefahren leben.
Laß uns ihnen helfen.
Amen.

Eine Heilige der demütigen
Hingabe:
Therese vom Kinde Jesus
geboren 1873,
gestorben 1897,
Gedenktag: 1. Oktober

Ich sehe, daß es genügt, unsere eigene Nichtigkeit zu erkennen und sich wie ein Kind in die Arme des lieben Gottes zu werfen.

Die sogenannte „kleine" heilige Therese (im Unterschied zur „großen" heiligen Theresa von Avila) ist nicht einmal 25 Jahre alt geworden. Sie wurde als wenig beachtete Schwester im Kloster des Karmel von Lisieux zu einer Lehrerin des Lebens mit Gott. Sie lebte bewußt und liebevoll die Nachfolge Jesu Christi, des Gekreuzigten. Berühmt wurde sie erst nach ihrem Tod durch ihre Lebensbeschreibung, die unter dem Titel „Geschichte einer Seele" herausgegeben wurde. Darin lehrt Therese den „kleinen Weg" des Kindseins vor Gott – auch inmitten von Leiden und Trostlosigkeit. Diesen Weg sind seither viele Menschen gegangen.

8. Wir feiern die heilige Messe

Wir versammeln uns vor Gott

Heilige Messe feiern heißt:

- Wir versammeln uns um den auferstandenen Herrn.
- Wir hören sein Wort und nehmen es auf.
- Wir sagen Gott dem Vater Dank für seine Güte.
- Wir bringen mit Jesus Christus das heilige Opfer dar.
- Wir geben uns ihm ganz und gar hin.
- Wir werden eins mit Jesus Christus und untereinander.

Wir nennen heute oft die ganze heilige Messe „Eucharistiefeier", obwohl die eigentliche Eucharistiefeier erst mit der Gabenbereitung beginnt.

Eucharistie heißt auf deutsch: Danksagung.

Unsere Eucharistiefeier hat ihren Ursprung im letzten Abendmahl Jesu.

→ Abendmahl, S. 144

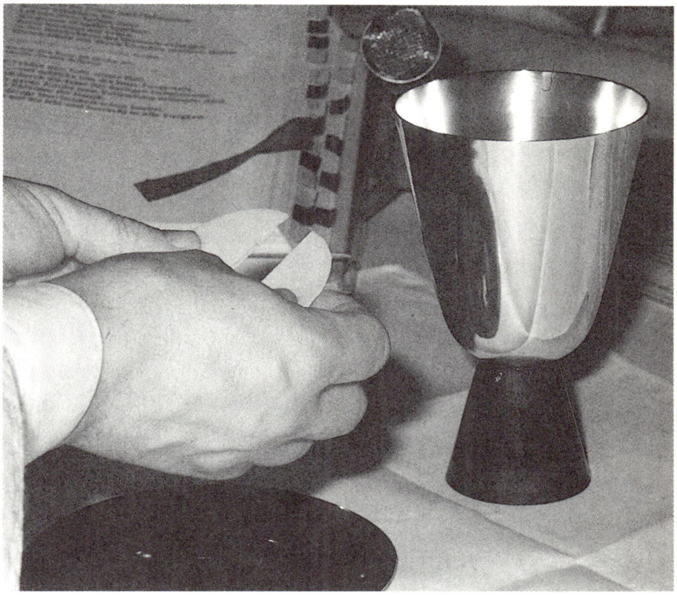

Das Wort „Messe" kann übersetzt werden mit „Aussendung". Die heilige Messe hat mancherlei Namen; einer der ältesten ist „heilige Versammlung"; denn in der heiligen Messe versammeln wir uns vor Gott; wir sagen Gott Dank in der Gemeinschaft mit Jesus Christus; wir feiern gemeinsam sein heiliges Opfer und lassen uns von ihm neu aussenden in die Welt.

Auf der ganzen Welt feiern Christen täglich die heilige Messe. Von Anfang an kamen die Christen besonders am ersten Tag der Woche, dem Sonntag, zusammen; denn am Sonntag ist Jesus von den Toten auferstanden, am Sonntag hat er den Heiligen Geist gesandt. Zunächst versammelten sie sich in ihren Häusern, später haben sie Kirchen gebaut für die Feier des Gottesdienstes.

2. „Nehmt", sprach er, „trinket, esset: / das ist mein Fleisch, mein Blut, / damit ihr nie vergesset, / was meine Liebe tut."
3. Dann ging er hin, zu sterben / aus liebevollem Sinn, / gab, Heil uns zu erwerben, / sich selbst zum Opfer hin.

T: Christoph von Schmid 1807
M: „Christus, der ist mein Leben" Nr. 662

Jesus spricht:

Wo zwei oder drei in meinem Namen versammelt sind, da bin ich mitten unter ihnen.
Mt 18,20

Zu welcher Gemeinde gehörst du?
Wann und wo feiert unsere Gemeinde Gottesdienst?
Wer wirkt bei der Feier des Gottesdienstes mit?
Kannst du erzählen, was bei der heiligen Messe geschieht?

Das Abendmahl (Albrecht Dürer 1523)

Wie wir die heilige Messe feiern

Was die Christen bei der heiligen Messe feiern, ist nicht alles mit den Augen und den Ohren wahrnehmbar. Das Wichtigste ist sogar für die Augen unsichtbar.

Unsere Meßfeier wird geleitet durch den Priester.

Ein Diakon, Meßdiener (Ministranten), oft auch Lektoren, Vorsänger (Kantoren), Vorbeter und Kommunionhelfer wirken mit. Wir beten und singen gemeinsam; Orgelspiel begleitet unsere Lieder. Die ganze Gemeinde feiert die heilige Messe. Jeder ist beteiligt.

Wir kommen zusammen, um Gottes Wort zu hören, um Gott zu loben, ihm zu danken und ihn zu bitten. Wir feiern die große Tat der Erlösung im Glauben, daß Gott mit uns ist, durch Christus, unsern Herrn.

Der Ablauf der heiligen Messe ist von der Kirche geordnet.
Die heilige Messe hat zwei Hauptteile: den **Wortgottesdienst** und die **Eucharistiefeier,** das Opfermahl unseres Herrn.
Wir können der heiligen Messe ohne Mühe folgen.
Wir sollen ganz dabei sein, mit Leib und Seele, mit Herz und Stimme.

Der Aufbau der heiligen Messe

Eröffnung

- Begrüßung
- Allgemeines Schuldbekenntnis
- Kyrie (Herr, erbarme dich)
- Gloria (Ehre sei Gott)
- Tagesgebet

Gebete aus der heiligen Messe

Zur Begrüßung

Die Gnade unseres Herrn Jesus Christus, die Liebe Gottes des Vaters und die Gemeinschaft des Heiligen Geistes sei mit euch!

Oder:

Der Herr sei mit euch!

Antwort:

Und mit deinem Geiste.

Der Bußakt:

Ich bekenne Gott,
dem Allmächtigen,
und allen Brüdern
und Schwestern,
daß ich
Gutes unterlassen
und Böses getan habe
– ich habe gesündigt
in Gedanken,
Worten und Werken durch
meine Schuld,
durch meine Schuld,
durch meine große Schuld.
Darum bitte ich die
selige Jungfrau Maria, alle
Engel und Heiligen und
euch,
Brüder und Schwestern,
für mich zu beten
bei Gott, unserem Herrn.

Die Kyrie-Rufe

Herr,
erbarme dich (unser).
Christus,
erbarme dich (unser).
Herr, erbarme
dich (unser).

Das Gloria

*Ehre sei Gott in der Höhe
und Friede auf Erden den
Menschen seiner Gnade.*

*Wir loben dich,
wir preisen dich,
wir beten dich an,
wir rühmen dich und dan-
ken dir,
denn groß ist deine Herr-
lichkeit:
Herr und Gott, König des
Himmels,
Gott und Vater, Herrscher
über das All,
Herr, eingeborener Sohn,
Jesus Christus.*

*Herr und Gott, Lamm
Gottes, Sohn des Vaters,
du nimmst hinweg die
Sünde der Welt:
erbarme dich unser;
du nimmst hinweg die
Sünde der Welt:
nimm an unser Gebet;
du sitzest zur Rechten des
Vaters:
erbarme dich unser.*

*Denn du allein bist der
Heilige,
du allein der Herr,
du allein der Höchste:
Jesus Christus,
mit dem Heiligen Geist,
zur Ehre Gottes des Vaters.
Amen.*

Beispiel eines Tagesgebetes

*Gott, unser Vater,
wir sind dein Eigentum
und setzen unsere Hoff-
nung
allein auf deine Gnade.
Bleibe uns nahe in jeder
Not und Gefahr und
schütze uns.
Darum bitten wir durch Je-
sus Christus.*

1. Hauptteil: Wortgottesdienst

- Lesung(en) mit Zwischengesang
- Evangelium nach Matthäus (Markus, Lukas, Johannes)
- Predigt
- Credo (Ich glaube)
- Fürbitten

Das Apostolische Glaubensbekenntnis

**Ich glaube an Gott, den Vater, den Allmächtigen,
den Schöpfer des Himmels und der Erde,
und an Jesus Christus,
seinen eingeborenen Sohn, unseren Herrn,
empfangen durch den Heiligen Geist,
geboren von der Jungfrau Maria,
gelitten unter Pontius Pilatus, gekreuzigt,
gestorben und begraben,
hinabgestiegen in das Reich des Todes,
am dritten Tage auferstanden von den Toten,
aufgefahren in den Himmel; er sitzt zur Rechten Gottes,
des allmächtigen Vaters; von dort wird er kommen,
zu richten die Lebenden und die Toten.
Ich glaube an den Heiligen Geist,
die heilige katholische Kirche,
Gemeinschaft der Heiligen,
Vergebung der Sünden,
Auferstehung der Toten und das ewige Leben.
Amen.**

2. Hauptteil: Eucharistiefeier

Gabenbereitung
- Herbeibringen der Gaben
- Händewaschung
- Gabengebet

Gebete zur Gabenbereitung

Gepriesen bist du, Herr, unser Gott, Schöpfer der Welt. Du schenkst uns das Brot, die Frucht der Erde und der menschlichen Arbeit. Wir bringen dieses Brot vor dein Angesicht, damit es uns das Brot des Lebens werde.

Gepriesen bist du, Herr, unser Gott, Schöpfer der Welt. Du schenkst uns den Wein, die Frucht des Weinstocks und der menschlichen Arbeit. Wir bringen diesen Kelch vor dein Angesicht, damit er uns der Kelch des Heiles werde.

Einladung zum Gabengebet

Lasset uns beten zu Gott, dem allmächtigen Vater, daß er die Gaben der Kirche annehme zu seinem Lob und zum Heil der ganzen Welt.

Oder:

P *Betet, Brüder und Schwestern, daß mein und euer Opfer Gott, dem allmächtigen Vater, gefalle.*
A *Der Herr nehme das Opfer an aus deinen Händen / zum Lob und Ruhm seines Namens, / zum Segen für uns und seine ganze heilige Kirche.*

Beispiel eines Gabengebetes

Herr, unser Gott,
du hast Brot und Wein geschaffen, um uns Menschen in diesem vergänglichen Leben Nahrung und Freude zu schenken.

Mache diese Gaben zum Sakrament, das uns ewiges Leben bringt. Darum bitten wir durch Christus, unseren Herrn.

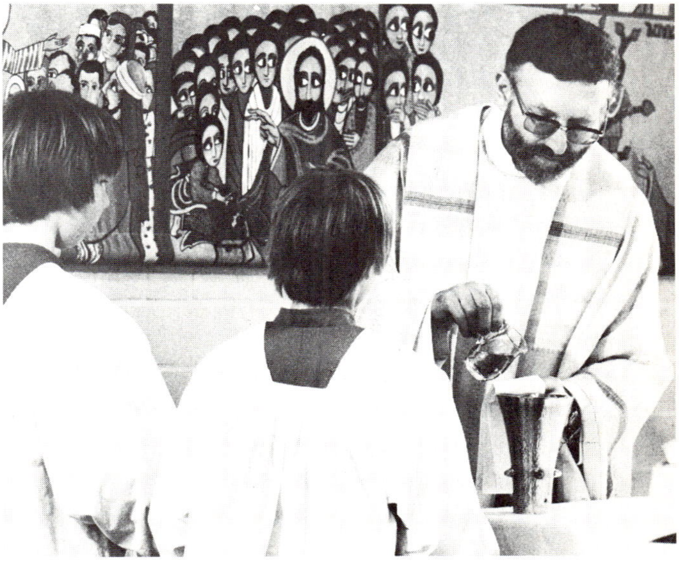

Hochgebet

- Präfation mit Sanctus
- Großes Dankgebet mit Wandlung

Beispiel einer Präfation

P *Der Herr sei mit euch.*
A *Und mit deinem Geiste.*
P *Erhebet die Herzen.*
A *Wir haben sie beim Herrn.*
P *Lasset uns danken dem Herrn, unserm Gott.*
A *Das ist würdig und recht.*

In Wahrheit ist es würdig und recht, dir, Herr, heiliger Vater, immer und überall zu danken durch deinen geliebten Sohn Jesus Christus. Er ist dein Wort, durch ihn hast du alles erschaffen. Ihn hast du gesandt als unseren Erlöser und Heiland: Er ist Mensch geworden durch den Heiligen Geist, geboren von der Jungfrau Maria. Um deinen Ratschluß zu erfüllen und dir ein heiliges Volk zu erwerben, hat er sterbend die Arme ausgebreitet am Holze des Kreuzes. Er hat die Macht des Todes gebrochen und die Auferstehung kundgetan. Darum preisen wir dich mit allen Engeln und Heiligen und singen vereint mit ihnen das Lob deiner Herrlichkeit:

Das Sanctus
Heilig, heilig, heilig
Gott, Herr aller Mächte
und Gewalten.
Erfüllt sind Himmel und
Erde
von deiner Herrlichkeit.
Hosanna in der Höhe.
Hochgelobt sei,
der da kommt
im Namen des Herrn.
Hosanna in der Höhe.

Der Priester spricht die Abendmahlsworte

Denn am Abend, an dem er ausgeliefert wurde und sich aus freiem Willen dem Leiden unterwarf, nahm er das Brot und sagte Dank, brach es, reichte es seinen Jüngern und sprach:

Nehmet und esset alle davon: Das ist mein Leib, der für euch hingegeben wird.

Ebenso nahm er nach dem Mahl den Kelch, dankte wiederum, reichte ihn seinen Jüngern und sprach:

Nehmet und trinket alle daraus: Das ist der Kelch des neuen und ewigen Bundes, mein Blut, das für euch und für alle vergossen wird zur Vergebung der Sünden. Tut dies zu meinem Gedächtnis.

P *Geheimnis des Glaubens:*
A *Deinen Tod, o Herr, verkünden wir, und deine Auferstehung preisen wir, bis du kommst in Herrlichkeit.*

Abschluß des Hochgebetes

Durch ihn und mit ihm und in ihm ist dir, Gott, allmächtiger Vater, in der Einheit des Heiligen Geistes alle Herrlichkeit und Ehre jetzt und in Ewigkeit. Amen.

Kommunion

- Vater unser
- Friedensgebet und Friedensgruß
- Agnus Dei (Lamm Gottes)
- Kommunionspendung
- Schlußgebet

Das Vater unser

Vater unser im Himmel, Geheiligt werde dein Name. Dein Reich komme. Dein Wille geschehe, wie im Himmel so auf Erden. Unser tägliches Brot gib uns heute. Und vergib uns unsere Schuld, wie auch wir vergeben unsern Schuldigern. Und führe uns nicht in Versuchung, sondern erlöse uns von dem Bösen.

Erlöse uns, Herr, allmächtiger Vater, von allem Bösen und gib Frieden in unseren Tagen. Komm uns zu Hilfe mit deinem Erbarmen und bewahre uns vor Verwirrung und Sünde, damit wir voll Zuversicht das Kommen unseres Erlösers Jesus Christus erwarten.

Denn dein ist das Reich und die Kraft und die Herrlichkeit in Ewigkeit. Amen.

Das Friedensgebet

Der Herr hat zu seinen Aposteln gesagt: Frieden hinterlasse ich euch, meinen Frieden gebe ich euch. Deshalb bitten wir: Herr Jesus Christus, schau nicht auf unsere Sünden, sondern auf den Glauben deiner Kirche und schenke ihr nach deinem Willen Einheit und Frieden.

P *Der Friede des Herrn sei allezeit mit euch.*
A *Und mit deinem Geiste.*

Das Agnus Dei

Lamm Gottes,
du nimmst hinweg die
Sünde der Welt: erbarme
dich unser.
Lamm Gottes,
du nimmst hinweg die
Sünde der Welt: erbarme
dich unser.
Lamm Gottes,
du nimmst hinweg die
Sünde der Welt: gib uns
deinen Frieden.

Gebete vor der Kommunionspendung

Seht das Lamm Gottes, das hinwegnimmt die Sünde der Welt.

Herr, ich bin nicht würdig, daß du eingehst unter mein Dach, aber sprich nur ein Wort, so wird meine Seele gesund.

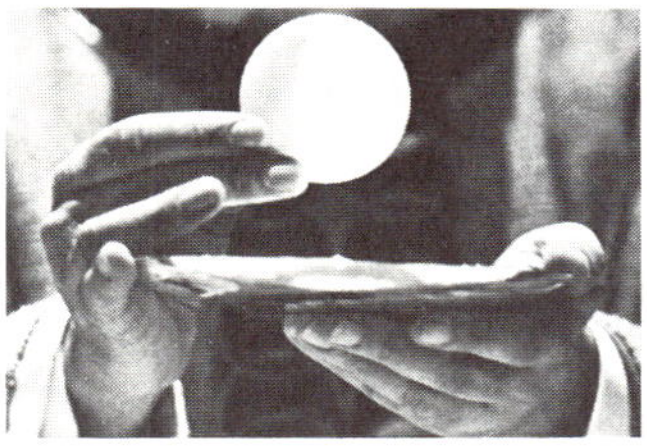

Beispiel eines Schlußgebetes

Barmherziger Gott, du hast uns teilhaben lassen an dem einen Brot und dem einen Kelch. Laß uns eins werden in Christus und Diener der Freude sein für die Welt. Darum bitten wir durch Christus, unseren Herrn.

Entlassung

- Pfarrliche Hinweise
- Segen
- Entlaßgruß

Segen und Entlaßgruß

P *Der Herr sei mit euch.*
A *Und mit deinem Geiste.*

P *Es segne euch der allmächtige Gott, der Vater + und der Sohn und der Heilige Geist.*
A *Amen.*

P *Gehet hin in Frieden.*
A *Dank sei Gott dem Herrn.*

Kreuzigung Christi
(Köln um 1150)

Was ist die heilige Messe?

Die heilige Messe ist
- das Gedächtnis unseres Herrn Jesus Christus
- das Opfer Christi und der Kirche
- das heilige Mahl
- das Fest unseres Glaubens

Gedächtnis

Jesus ist das Haupt und die Mitte seiner Kirche. Sie feiert ihn überall, in allen Ländern rund um den Erdenball. Sie feiert ihn täglich in ihrem Gottesdienst.

Auch Jesus ging in den Gottesdienst, der damals in dem Tempel zu Jerusalem und in den Bethäusern überall gehalten wurde, wo Juden lebten. Dort wurde gebetet und gesungen, die Heilige Schrift vorgelesen und ausgelegt. Die Menschen dankten Gott für alles, was er für sie seit Erschaffung der Welt getan hat.

Das Volk der Juden wußte: Die Freude an Gott ist unsere Kraft.

Darum erinnerten sich die Menschen freudig an die großen und guten Taten Gottes:
- Er hat Abraham zum Stammvater seines Volkes berufen.
- Er hat Israel aus der Knechtschaft in Ägypten in die Freiheit geführt.
- Er hat sein Volk wunderbar durch die Wüste geleitet.
- Er hat ihm Heimat gegeben im Heiligen Land.

In der heiligen Messe verkündet die Kirche alles, was Jesus gesagt und für uns getan hat. Jesus und sein Heilswerk wird gegenwärtig. So feiern wir sein Gedächtnis und freuen uns über seine Anwesenheit in unserer Mitte:
- **Er richtet sein Wort an uns.**
- **Er gibt seinen Leib und sein Blut hin für uns.**
- **Er schenkt sich uns in den Gestalten von Brot und Wein.**

Abendmahl und Kreuzesopfer

Bei den Juden ist das höchste Fest des ganzen Jahres das Paschafest. Es wird zur Erinnerung an die Rettung aus Ägypten gefeiert. Die Priester schlachteten einst im Tempel in Jerusalem als Opfergabe für Gott die Paschalämmer. Damit bereiteten die Leute in ihren Häusern ein festliches Abendmahl. Bei diesem Mahl fragte der jüngste Sohn des Hauses, warum es in dieser Nacht gefeiert würde. Darauf erzählte der Hausvater vom Auszug Israels aus Ägypten und von der Nacht der Erlösung. In ihr wurde das Blut der Lämmer an die Türpfosten der jüdischen Häuser gestrichen als Zeichen der Rettung.

Abendmahl (Buchmalerei um 1040)

Jesus ließ bei seinem letzten **Abendmahl in Jerusalem** das Osterlamm bereiten. Der Evangelist Lukas berichtet:

Als die Stunde gekommen war, begab er sich mit den Aposteln zu Tisch. Und er sagte zu ihnen: Ich habe mich sehr danach gesehnt, vor meinem Leiden dieses Paschamahl mit euch zu essen. Denn ich sage euch: Ich werde es nicht mehr essen, bis das Mahl seine Erfüllung findet im Reich Gottes. Und er nahm den Kelch, sprach das Dankgebet und sagte: Nehmet den Wein, und verteilt ihn untereinander! Denn ich sage euch: Von nun an werde ich nicht mehr von der Frucht des Weinstocks trinken, bis das Reich Gottes kommt. Und er nahm Brot, sprach das Dankgebet, brach das Brot und reichtes es ihnen mit den Worten: Das ist mein Leib, der für euch hingegeben wird. Tut dies zu meinem Gedächtnis! Ebenso nahm er nach dem Mahl den Kelch und sagte: Dieser Kelch ist *der Neue Bund* in meinem Blut, das für euch vergossen wird.
Lk 22,14–20

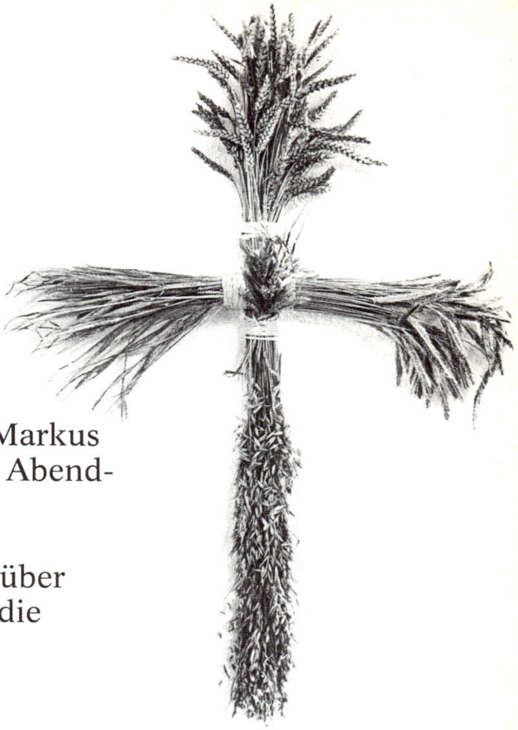

Auch die Evangelisten Matthäus und Markus und der Apostel Paulus berichten vom Abendmahl Jesu:

Beim letzten Abendmahl sprach Jesus über das Brot, das er seinen Jüngern brach, die Worte:

Das ist mein Leib, der für euch hingegeben wird.

Und er sprach über den Kelch mit Wein, den er seinen Jüngern gab:

Das ist der Kelch des Neuen und ewigen Bundes, mein Blut, das für euch und für alle vergossen wird zur Vergebung der Sünden.

Er forderte seine Jünger auf:

Tut dies zu meinem Gedächtnis.

Bei der Feier der heiligen Messe spricht der Priester diese Worte in der Person Jesu Christi.

Beim letzten Abendmahl dachte Jesus an seinen gewaltsamen Tod am Kreuz, an seinen geopferten Leib, an sein vergossenes Blut. Er dachte an das Opfer, das er für uns und für die ganze Welt darbringen wollte auf dem Altar des Kreuzes.

Er, der Unschuldige, wollte für die Schuldigen Leid und Tod auf sich nehmen. Er wollte die Sünde tilgen und den Tod überwinden und so den Menschen neues Leben schenken.

Das Neue Testament bezeugt:

Jesus ist unser wahres Osterlamm. Für uns geopfert, schenkt er uns neues Leben.

Taufschale
(Essen, 16. Jahrhundert)

In jeder heiligen Messe feiert Jesus mit uns sein Abendmahl. Mit ihm bringen wir Gott dem Vater sein Kreuzesopfer dar. Bei dieser Feier handelt der Priester in der Person Jesu Christi. Er spricht die Abendmahlsworte Jesu. So verwandelt Christus unsere Gaben in seinen Leib und in sein Blut. Er bringt mit uns sein Opfer dar und gibt sich uns zur Speise. So werden wir eins mit ihm und eins untereinander und erhalten die Kraft, als Kinder Gottes zu leben.

Agnus Dei

V 2. Du bist der Herr, der uns seinen Frieden bringt:
V 3. Du bist der Hirt, der uns hier zusammenführt:
V 4. Du bist der König, der machtvoll wiederkommt:
V 5. Du bist das Brot, das der Welt das Leben gibt:

T: Josef Klein, Heinrich Rohr 1969 M: Heinrich Rohr 1969

Katholikentag Berlin, 1980

Die Christen feierten anfangs das Gedächtnis des Herrn wie Jesus sein letztes Abendmahl, nämlich mit einem gemeinsamen Mahl.
Schon zur Zeit des Apostels Paulus trennte man bei der Versammlung der Christen das Herrenmahl vom gewöhnlichen Essen und Trinken. Bei ihrer Versammlung wollten die Christen „Danksagung“ (Eucharistie) feiern mit Jesus,

- der uns die Frohe Botschaft von Gott, seinem Vater, gebracht hat,
- der seinen Leib und sein Blut für uns geopfert hat,
- der uns von Sünde und Tod befreit hat,
- der, von den Toten auferstanden, uns zu seinem Vater führt,
- der uns mit seinem Fleisch und Blut nährt auf dem Weg zum ewigen Leben,
- der einst wiederkommen wird in Herrlichkeit,
- der die Familie der Kinder Gottes um sich vereinen wird,
- der Gottes Reich vollenden wird.

So wurde die Feier der Eucharistie zum Fest des christlichen Glaubens.
Die Christen versammeln sich zur heiligen Messe, um ihren ganzen christlichen Glauben zu feiern.

In unserem Gottesdienst feiern wir unseren **Glauben** an Gott, den Vater, den Sohn und den Heiligen Geist.
Er hat uns erschaffen, erlöst und geheiligt.

In unserem Gottesdienst stärken wir unsere **Hoffnung** auf Gott, der mit uns ist.
Er bleibt bei uns auf dem Weg zum ewigen Leben.

In unserem Gottesdienst erneuern wir unsere **Liebe** zu Gott und zu allen Menschen.
Er will uns als seine Freunde um sich haben, jetzt und in Ewigkeit.

In unserem Gottesdienst beten wir den lebendigen Gott an und danken ihm stellvertretend für alle Menschen und Völker.

In unserem Gottesdienst geben wir Gott die Ehre in Gemeinschaft mit den Engeln und Heiligen.

Wie uns die Bibel die Eucharistie verständlich macht

In der Heiligen Schrift finden wir viele Berichte, die uns in Bildern helfen, die Eucharistie zu verstehen.

Gott speist sein Volk in der Wüste

Als das Volk Israel auf dem Zug durch die Wüste hungerte und gegen Gott murrte, gab ihnen Gott auf wunderbare Weise zu essen.

Gott gibt uns auch heute Speise und Trank, aber nicht nur für das irdische Leben

Als die Israeliten in die Wüste kamen, hatten sie nichts zu essen. Sie murrten in der Wüste gegen Mose und Aaron. Die Israeliten sagten zu ihnen: Wären wir doch in Ägypten durch die Hand des Herrn gestorben, als wir an den Fleischtöpfen saßen und Brot genug zu essen hatten! Ihr habt uns nur deshalb in diese Wüste geführt, um uns alle an Hunger sterben zu lassen.

Da sprach der Herr zu Mose: Ich habe das Murren der Israeliten gehört. Sag ihnen: Am Abend werdet ihr Fleisch zu essen haben, am Morgen werde ich euch Brot vom Himmel regnen lassen, und ihr werdet erkennen, daß ich der Herr, euer Gott bin.

Am Abend flogen Wachtelschwärme heran und fielen erschöpft auf das Lager. Am Morgen lag eine Schicht von Tau rings um das Lager. Als sich die Tauschicht gehoben hatte, lag auf dem Wüstenboden etwas Feines, Knuspriges, fein wie Reif, auf der Erde. Als die Israeliten das sahen, sagten sie zueinander: Was ist das? Denn sie wußten nicht, was es war. Da sagte Mose zu ihnen: Das ist das Brot, das der Herr euch zu essen gibt.

Ex 16,1–4,12–15

Das Neue Testament berichtet von der wunderbaren Brotvermehrung:

Jesus zog sich mit den Aposteln in die Nähe der Stadt Betsaida zurück, um allein zu sein. Aber die Leute hörten davon und folgten ihm. Er empfing sie freundlich, redete zu ihnen vom Reich Gottes und heilte alle, die seine Hilfe brauchten. Als der Tag zur Neige ging, kamen die Zwölf zu ihm und sagten: Schick die Menschen weg, damit sie in die umliegenden Dörfer und Gehöfte gehen, dort Unterkunft finden und etwas zu essen bekommen, denn wir sind hier an einem abgelegenen Ort. Er antwortete: Gebt ihr ihnen zu essen! Sie sagten: Wir haben nicht mehr als fünf Brote und zwei Fische, wir müssen erst weggehen und für alle diese Leute etwas zu essen kaufen. Es waren ungefähr fünftausend Männer. Da antwortete er seinen Jüngern: Sagt ihnen, sie sollen sich in Gruppen zu ungefähr fünfzig zusammensetzen. Die Jünger taten, was er ihnen sagte, und forderten sie auf, sich zu setzen. Jesus nahm die fünf Brote und die zwei Fische, blickte zum Himmel auf, sprach den Lobpreis und brach sie; dann gab er sie den Jüngern, damit sie alles an die Leute austeilten. Alle aßen und wurden satt. Und als man die Brotstükke einsammelte, die sie übriggelassen hatten, waren es zwölf Körbe voll.

Lk 9,11–17

Brotvermehrung (Buchmalerei um 1045)

Jesus nennt sich selber das Brot vom Himmel – das wahre Manna: Auch der Evangelist Johannes berichtet von der wunderbaren Brotvermehrung Jesu. Wegen dieser Wundertaten wollten die Leute Jesus zum König machen. Aber er wich ihnen aus. Sie fanden ihn schließlich in der Synagoge von Kafarnaum. Dort sagten sie zu Jesus:

Unsere Väter haben das Manna in der Wüste gegessen, wie es in der Schrift heißt: Brot vom Himmel gab er ihnen zu essen. Jesus antwortete ihnen: Ich bin das Brot des Lebens. Wer zu mir kommt, wird nie mehr hungern, und wer an mich glaubt, wird nie mehr Durst haben. Da murrten sie gegen ihn und sagten: Ist das nicht Jesus, der Sohn Josefs, dessen Vater und Mutter wir kennen? Wie kann er jetzt sagen: Ich bin vom Himmel herabgekommen?

Jesus antwortete ihnen: Murrt nicht! Niemand kann zu mir kommen, wenn nicht der Vater, der mich gesandt hat, ihn zu mir führt.

Ich bin das Brot des Lebens. Eure Väter haben in der Wüste das Manna gegessen und sind gestorben. So aber ist es mit dem Brot, das vom Himmel

herabkommt: Wenn jemand davon ißt, wird er nicht sterben. Ich bin das lebendige Brot, das vom Himmel herabgekommen ist. Wer von diesem Brot ißt, wird in Ewigkeit leben. Das Brot, das ich geben werde, ist mein Fleisch, (ich gebe es hin) für das Leben der Welt.

Da stritten sich die Juden und sagten: Wie kann er uns sein Fleisch zu essen geben? Jesus sagte zu ihnen: Amen, amen, das sage ich euch: Wenn ihr das Fleisch des Menschensohnes nicht eßt und sein Blut nicht trinkt, habt ihr das Leben nicht in euch. Wer mein Fleisch ißt und mein Blut trinkt, hat das ewige Leben, und ich werde ihn auferwecken am Letzten Tag. Denn mein Fleisch ist wirklich eine Speise, und mein Blut ist wirklich ein Trank. Wer mein Fleisch ißt und mein Blut trinkt, der bleibt in mir, und ich bleibe in ihm. Wie mich der lebendige Vater gesandt hat und wie ich durch den Vater lebe, so wird jeder, der mich ißt, durch mich leben. Dies ist das Brot, das vom Himmel herabgekommen ist. Mit ihm ist es nicht wie mit dem Brot, das die Väter gegessen haben; sie sind gestorben. Wer aber dieses Brot ißt, wird leben in Ewigkeit.

Diese Worte sprach Jesus, als er in der Synagoge von Kafarnaum lehrte.
aus Joh 6,48–59

Das österliche Mahl der Emmausjünger:
Den Herrn erkennen beim Brotbrechen

Am Ostermorgen hatten die Frauen das leere Grab entdeckt. Der Evangelist Lukas erzählt:

Am gleichen Tag waren zwei von den Jüngern auf dem Weg in ein Dorf namens Emmaus, das sechzig Stadien von Jerusalem entfernt ist. Sie sprachen miteinander über all das, was sich ereignet hatte. Und während sie miteinander redeten und sich besprachen, kam Jesus dazu und ging mit ihnen. Doch sie waren wie mit Blindheit geschlagen, so daß sie ihn nicht erkannten. Er fragte sie: Was sind das für Dinge, über die ihr auf dem Weg miteinander redet? Da blieben sie traurig stehen, und der eine von ihnen, der Kleopas hieß, antwortete ihm: Bist du der einzige in Jerusalem, der nicht gehört hat, was sich in diesen Tagen dort ereignete? Er fragte sie: Was denn? Sie antworteten ihm: Das mit Jesus aus Nazaret; er war ein Prophet und hat vor Gott und allem Volk Großes getan und gesagt. Doch unsere Hohepriester und Führer haben ihn zum Tod verurteilt und ans Kreuz schlagen lassen. Wir aber hofften, daß er es sei, der Israel retten werde. Und heute ist schon der dritte Tag, seit das geschehen ist. Einige der Frauen aus unserem Kreis haben uns allerdings in große Aufregung versetzt. Sie waren in der Frühe beim Grab, fanden aber seinen Leichnam nicht. Als sie zurückkamen, erzählten sie, ihnen seien Engel erschienen und hätten gesagt, daß

Emmaus
(W. Habdank)

er lebe. Einige von uns gingen dann zum Grab und fanden es so, wie die Frauen gesagt hatten; ihn selbst aber sahen sie nicht.

Da sagte er zu ihnen: Begreift ihr denn nicht? Wie schwer fällt es euch, alles zu glauben, was die Propheten gesagt haben! Mußte nicht der Messias all das erleiden, um so in seine Herrlichkeit zu gelangen? Und ausgehend von Mose und allen Propheten legte Jesus ihnen dar, was in der ganzen Schrift über ihn geschrieben steht.

So erreichten sie das Dorf, zu dem sie unterwegs waren. Jesus tat, als wolle er weitergehen, aber sie baten ihn dringend: Bleib bei uns; es will Abend werden, und der Tag hat sich schon geneigt. Da ging er mit ihnen hinein, um bei ihnen zu bleiben. Und als er sich mit ihnen zum Essen niedergesetzt hatte, nahm er das Brot, sprach den Segen, brach es und gab es ihnen. Da gingen ihnen die Augen auf, und sie erkannten ihn; dann war er nicht mehr zu sehen. Und sie sagten zueinander: Brannte uns nicht das Herz, als er unterwegs mit uns redete und uns den Sinn der Schrift erklärte?
Noch in derselben Stunde brachen sie auf und kehrten nach Jerusalem zurück. Sie fanden die Elf und die anderen Jünger versammelt. Diese sagten: Der Herr ist wirklich auferstanden und ist dem Simon erschienen. Da erzählten auch sie, was sie unterwegs erlebt und wie sie ihn erkannt hatten, als er das Brot brach.
Lk 24,13–35

Das Gleichnis vom Weinstock und den Reben:
Ich bin der Weinstock

Vom Abschiedsmahl Jesu mit seinen Jüngern berichtet der Evangelist Johannes:

Jesus sprach: Ich bin der wahre Weinstock, und mein Vater ist der Winzer. Jede Rebe an mir, der keine Frucht bringt, schneidet er ab, und jede Rebe, die Frucht bringt, reinigt er, damit sie mehr Frucht bringt. Ihr seid schon rein durch das Wort, das ich zu euch gesagt habe. Bleibt in mir, dann bleibe ich in euch. Wie die Rebe aus sich keine Frucht bringen kann, sondern nur, wenn sie am Weinstock bleibt, so könnt auch ihr keine Frucht bringen, wenn ihr nicht in mir bleibt. Ich bin der Weinstock, ihr seid die Reben. Wer in mir bleibt und in wem ich bleibe, der bringt reiche Frucht; denn getrennt von mir könnt ihr nichts vollbringen. Wer nicht in mir bleibt, wird wie die Rebe weggeworfen, und er verdorrt. Man sammelt die Reben, wirft sie ins Feuer, und sie verbrennen. Wenn ihr in mir bleibt und wenn meine Worte in euch bleiben, dann bittet um alles, was ihr wollt: Ihr werdet es erhalten. Mein Vater wird dadurch verherrlicht, daß ihr reiche Frucht bringt und meine Jünger werdet.
Joh 15,1–8

Der Herr gibt den Jüngern ein Beispiel

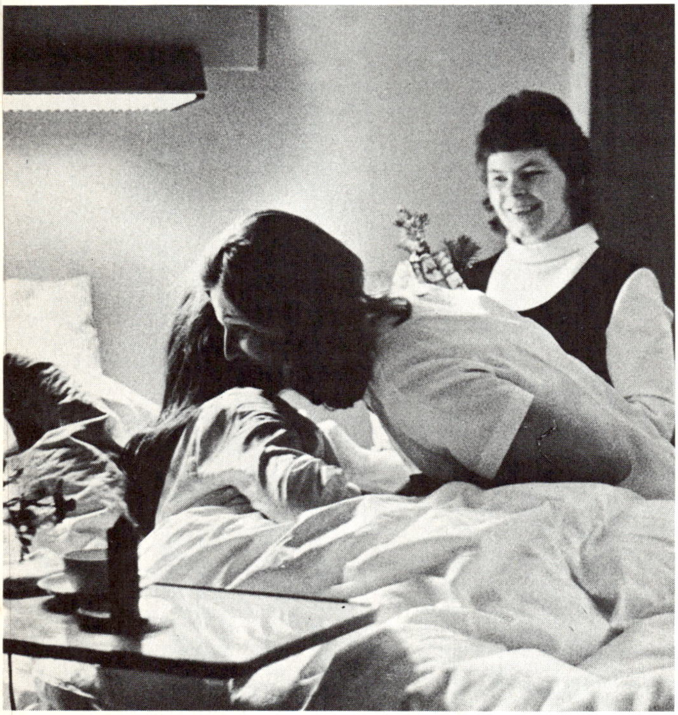
„. . . damit auch ihr tut, wie ich an euch getan habe.“

Beim Abschiedsmahl Jesu mit seinen Jüngern berichtet Johannes, daß Jesus seinen Jüngern die Füße gewaschen hat. Er erzählt:

Es war vor dem Paschafest. Jesus wußte, daß seine Stunde gekommen war, um aus dieser Welt zum Vater hinüberzugehen. Da er die Seinen, die in der Welt waren, liebte, erwies er ihnen seine Liebe bis zur Vollendung. Jesus stand vom Mahl auf, legte sein Gewand ab und umgürtete sich mit einem Leinentuch. Dann goß er Wasser in eine Schüssel und begann, den Jüngern die Füße zu waschen und mit dem Leinentuch abzutrocknen, mit dem er umgürtet war. Als er zu Simon Petrus kam, sagte dieser zu ihm: Du, Herr, willst mir die Füße waschen? Jesus antwortete ihm: Was ich

tue, verstehst du jetzt noch nicht; doch später wirst du es begreifen. Petrus entgegnete ihm: Niemals sollst du mir die Füße waschen! Jesus erwiderte ihm: Wenn ich dich nicht wasche, hast du keinen Anteil an mir. Da sagte Simon Petrus zu ihm: Herr, dann nicht nur meine Füße, sondern auch die Hände und das Haupt!
Als er ihnen die Füße gewaschen, sein Gewand wieder angelegt und Platz genommen hatte, sagte er zu ihnen: Begreift ihr, was ich an euch getan habe? Ihr sagt zu mir Meister und Herr, und ihr nennt mich mit Recht so; denn ich bin es. Wenn nun ich, der Herr und Meister, euch die Füße gewaschen habe, müßt auch ihr einander die Füße waschen. Ich habe euch ein Beispiel gegeben, damit auch ihr so handelt, wie ich an euch gehandelt habe.
aus Joh 13,1–15

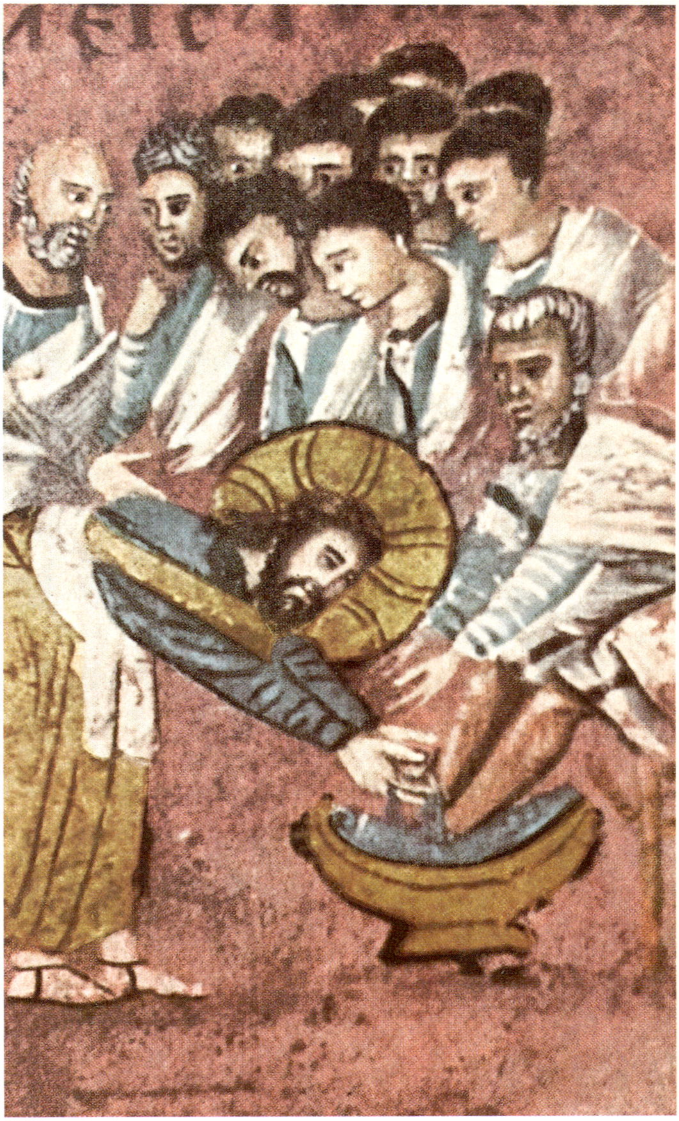
Fußwaschung
(Syrien, 550)

Diese biblischen Texte vom Manna und von der Brotvermehrung, von den Emmausjüngern, vom Weinstock und den Reben, von der Fußwaschung Jesu an seinen Jüngern lassen uns etwas erkennen

- von der Liebe Gottes
- von der Gegenwart Christi in der Eucharistie
- von der Einheit mit Gott, die uns geschenkt wird im Empfang der heiligen Kommunion
- vom Hauptgebot der Bruderliebe.

Wir beten zum Empfang der heiligen Kommunion

Nährst uns, deine Reben, / ganz mit Gottes Kraft. / Tief in unsrem Leben / kreist des Weinstocks Saft.

Freunde sind wir alle, / sind in dir vereint / jetzt bei diesem Mahle. / So hast du's gemeint.

T: Andreas Baur
M: Christian Ridil

Wir Christen dürfen in der heiligen Kommunion Jesus selbst als heilige Speise empfangen. Er kommt mit seiner Liebe zu jedem von uns. Darauf bereiten wir uns in Ehrfurcht vor.

Wenn wir zur heiligen Kommunion gehen, bedenken wir:

- **Ich** darf zu dir kommen.
- **Du** willst dich mir schenken.
- **Wir** empfangen dich.
- **Alle** Menschen brauchen dich.
- **Die Kirche** in aller Welt betet dich an.

Herr, laß alle Christen eins werden mit dir und mit allen Menschen in der Welt!

Jesus sagt: **Wer mein Fleisch ißt und mein Blut trinkt, der bleibt in mir und ich in ihm.**

Die rechte Mitfeier der heiligen Messe verlangt ein gläubiges und reines Herz, das würdig ist, Jesus aufzunehmen.

Vor der heiligen Kommunion sprechen wir mit dem Priester: Herr, ich bin nicht würdig, daß du eingehst unter mein Dach, aber sprich nur ein Wort, wo wird meine Seele gesund.

Bei der heiligen Kommunion spricht der Priester zu uns: Der Leib Christi.
Wir geben die Antwort: Amen. (Amen bedeutet: Ja, so ist es. Diese Antwort ist ein kurzes Glaubensbekenntnis.)

Nach der heiligen Kommunion beten wir still zu Jesus, der bei uns ist. Wir danken ihm, wir schenken uns ihm, wir bitten ihn für uns selber, für unsere Angehörigen und Freunde, für Lebende und Tote, für die ganze Kirche und alle Menschen in der Welt.

Gebete zur heiligen Kommunion

Herr, du kommst zu mir, und ich gebe mich dir. Herr, du bist in mir, ich bin in dir. Mein Herr und mein Gott! Lehre mich dienen, wie du es verdienst!

Herr, du hast gesagt: Ich bin der Weinstock, ihr seid die Reben. Laß mich von deiner Kraft durchdrungen werden wie die Rebe vom Weinstock. Mein Jesus, gib mir die große Gnade, daß ich oft an dich denke, gern mit dir spreche und immer mit dir verbunden bleibe.

Der heilige Bruder Klaus von der Flüe betete:

Mein Herr und mein Gott,
nimm alles von mir,
was mich abhält von dir!
Mein Herr und mein Gott,
gib alles mir,
was mich hinführt zu dir!
Mein Herr und mein Gott,
nimm mich mir
und gib mich dir!

Wir dürfen und sollen oft zur heiligen Kommunion gehen. In jeder heiligen Messe sind wir dazu eingeladen. Alle Katholiken sind verpflichtet, die heilige Kommunion wenigstens einmal im Jahr zu empfangen, und zwar zur österlichen Zeit.

Wer nicht an Jesus Christus glaubt, nicht getauft ist, nicht zu seiner Kirche gehört oder wer sich von ihm durch eine Todsünde getrennt hat, darf den Leib des Herrn nicht empfangen.

Sein Haus hat offne Türen,
er ruft uns in Geduld,
will alle zu sich führen,
auch die mit Not und Schuld.

Zu jedem will er kommen,
der Herr, in Brot und Wein.
Doch, wer ihn aufgenommen
soll selber Bote sein.

Herr, deinen Ruf verachten,
das wäre unser Tod.
Drum hilf, daß wir beachten
dein großes Angebot.

T: Friedrich Walz
M: „Go, tell it on the mountain“

Wie der Herr bei uns bleibt

Jesus sagte zu seinen Jüngern:

Wo zwei oder drei in meinem Namen versammelt sind, da bin ich mitten unter ihnen.

Mt 18,20

Wenn ihr mich liebt, werdet ihr meine Gebote halten. Und ich werde den Vater bitten, und er wird euch einen anderen Beistand geben, der für immer bei euch bleiben soll. Es ist der Geist der Wahrheit, den die Welt nicht empfangen kann, weil sie ihn nicht sieht und nicht kennt. Ihr aber kennt ihn, weil er bei euch bleibt und in euch sein wird.

Joh 14,15–17

So ist Jesus durch sein Wort und durch seinen Geist immer bei uns. Er wollte uns aber vor allem durch das Sakrament der Eucharistie nahe sein. Er ist bei uns, wenn wir die heilige Messe feiern, er bleibt bei uns auch im Zeichen des Brotes.
Der Priester bewahrt das in der heiligen Messe verwandelte Brot im Tabernakel auf. In seiner Nähe brennt das ewige Licht. Es lädt uns ein, den Herrn anzubeten.

Wir verehren Jesus Christus und beten ihn an.

Wenn der Priester zu einem Kranken oder zu einem Sterbenden gerufen wird, nimmt er aus dem Tabernakel die heilige Hostie mit. So hat auch dieser durch den Empfang der heiligen Kommunion Gemeinschaft mit der gläubigen Gemeinde.

→ Krankensalbung, S. 87

Gottheit tief verborgen, betend nah' ich dir.
Unter diesem Zeichen bist du wahrhaft hier.
Sieh, mit ganzem Herzen schenk' ich dir mich hin,
weil vor solchem Wunder ich nur Armut bin.

Augen, Mund und Hände täuschen sich in dir,
doch des Wortes Botschaft offenbart dich mir.
Was Gott Sohn gesprochen, nehm' ich glaubend an;
er ist selbst die Wahrheit, die nicht trügen kann.

aus dem Hymnus
„Adoro te"
Gotteslob 546

In der Kirche halten wir stille Anbetung oder eine gemeinsame Andacht vor dem Allerheiligsten im Tabernakel. Dabei kann das eucharistische Brot auch den Gläubigen vor Augen gestellt werden: im Speisekelch, den das Velum umhüllt, oder in der Monstranz, in der die Hostie gezeigt wird.

2. Hier ist das wahre Osterlamm, / das für uns starb am Kreuzesstamm; / es nimmt hinweg der Sünden Schuld / und schenkt uns wieder Gottes Huld.

T und M: Köln 1638

In der Fronleichnamsprozession tragen wir Jesus in der Gestalt des Brotes durch unsere Dörfer und Städte. Wir rufen den Segen Gottes herab auf unser Land, auf seine Bewohner und auf die ganze Welt. Der Herr geht mit uns bis zum Ziel unseres Lebens.

KARSTADT

Wir erleben das Böse in der Welt

Versuchung

Die Heilige Schrift zeigt in vielen Beispielen, wie Menschen in Versuchung geraten, z. B. in der Geschichte von Adam und Eva, von Kain und Abel, vom Turmbau zu Babel.

In der Geschichte des ägyptischen Josef wird uns das Beispiel eines gerechten Menschen gezeigt. Seine Brüder verkauften ihn nach Ägypten. Sie taten es aus Neid, weil Josef von seinem Vater besonders geliebt wurde. Seine Träume, von denen er erzählte, zeigten, daß er zu etwas Besonderem berufen schien.

Josef aber verzweifelte nicht in seinem Unglück, er erlag nicht den Versuchungen und wurde im Glück nicht überheblich.

Von einem solchen Menschen wird im Neuen Testament gesagt:

Glücklich der Mann, der in der Versuchung standhält. Denn wenn er sich bewährt, wird er den Kranz des Lebens erhalten, der denen verheißen ist, die Gott lieben.

Jak 1,12

Das Neue Testament erzählt auch von Jesus, den der Teufel dreimal in die Versuchung führen wollte. Er sollte seiner eigentlichen Berufung untreu werden.

Jesus hat den Teufel zurückgewiesen.
Er blieb Gott, seinem Vater, treu.

Die Quellen vieler Versuchungen sind Habgier, Geltungssucht, Genußsucht und das Verlangen nach Macht und Reichtum.

Wir müssen uns fragen:
- Mit welchen Versuchungen habe ich es zu tun?
- Wie kann ich ihnen widerstehen?
- Wie kann ich Gott treu bleiben?

Im Vaterunser beten wir:
Führe uns nicht in Versuchung, sondern erlöse uns von dem Bösen.

Schuld

Alle Menschen in der Welt machen Erfahrungen mit dem Bösen:

- sie sehen, daß andere Böses tun,
- sie spüren am eigenen Leib, wie ihnen Böses angetan wird,
- sie tun Böses ohne Rücksicht auf andere,
- sie unterlassen, Gutes zu tun.

Indem Menschen Böses tun und Gutes unterlassen, werden sie schuldig.

Alles, was einer verschuldet hat, muß er wieder gutmachen:

- den **Schaden,** den er verursacht hat,
- den Schmerz, den er zugefügt hat,
- das böse Beispiel, das er gegeben hat.

Sünde

Gott ist der Vater aller Menschen. Alle sind Brüder und Schwestern. Alles, was Menschen gegeneinander verschulden, ist immer auch Schuld vor Gott, unserem gemeinsamen Vater. Gott will, daß wir miteinander gut umgehen. Aber die Menschen tun Gottes Willen oft nicht: sie sündigen.

Wer Gottes Gebot mit Wissen und Willen übertritt, sündigt.

Kein Mensch ist ohne Sünde.
Der Apostel Johannes sagt: Wenn wir sagen, daß wir keine Sünde haben, führen wir uns selbst in die Irre, und die Wahrheit ist nicht in uns.
1 Joh 1,8

Täglich berichten die Zeitungen und das Fernsehen über Unheil und Leid in der Welt. Vieles davon verursachen die Menschen durch ihre Sünden. Sie hören nicht auf Gott und setzen sich unbekümmert über seine Weisungen hinweg.

Kein Mensch darf sich mit der Sünde abfinden. Er muß sich bemühen, jede Gelegenheit zur Sünde zu meiden,

- um Gottes willen,
- um der Mitmenschen willen,
- um seiner selbst willen.

Man nennt eine **schwere Sünde** eine „Todsünde". Durch sie hat sich der Sünder von Gottes Liebe getrennt. Er steht nicht mehr in der Gnade Gottes. Das Leben der Gnade ist in ihm erloschen.

Zu einer schweren Sünde gehören:

- **eine wichtige Sache,**
- **die klare Erkenntnis und**
- **der freie Wille des Menschen.**

Manche Sünden führen nicht zum Tod des Gnadenlebens. Sie werden **läßliche Sünden** genannt.
Auch sie sind ein Unrecht und Undank vor den Menschen und vor Gott, der alle liebt. Sie richten oft großen Schaden unter den Menschen an.

Wir Menschen ändern uns nur schwer. Darum müssen wir Gott immer wieder bitten, daß er uns hilft. Er löst uns von unseren Sünden, Fehlern und Schwächen; er macht uns heilig und gut.

Gott erbarmt sich der Sünder

Jesus sandte seine Apostel mit dem Auftrag in die Welt, den Menschen die Vergebung der Sünden zu bringen.

Die Heilige Schrift erzählt viele Beispiele von Umkehr und Vergebung. Gott gibt dem Sünder Mut und Kraft, umzukehren und wieder neu anzufangen.

Der gute Hirt
(Thomas Zacharias)

Daß Gott es mit den Sündern gut meint, erzählt Jesus in Gleichnissen

- vom verlorenen Schaf, dem der gute Hirt nachgeht und es heimträgt (Lk 15,3–7);
- von der verlorenen Drachme, einer Münze, die eine Frau voll Freude wiederfindet (Lk 15,8–10);
- vom verlorenen Sohn und seinem barmherzigen Vater (Lk 15,11–32)

Jesus sagte:

Ein Mann hatte zwei Söhne. Der jüngere sagte zu seinem Vater: Vater, gib mir das Erbteil, das mir zusteht! Da teilte der Vater das Vermögen auf. Nach wenigen Tagen packte der jüngere Sohn alles zusammen und zog in ein fernes Land. Dort lebte er in Saus und Braus und verschleuderte sein Vermögen. Als er alles durchgebracht hatte, kam eine große Hungersnot über das Land, und es ging ihm sehr schlecht. Da ging er zu einem Bürger des Landes und drängte sich ihm auf; der schickte ihn aufs Feld zum Schweinehüten. Er hätte gern seinen Hunger mit den Futterschoten gestillt, die die Schweine fraßen, aber niemand gab ihm etwas davon.

Da besann er sich und sagte: Wie viele Tagelöhner meines Vaters haben mehr als genug zu essen, und ich komme hier um vor Hunger. Ich will zu meinem Vater gehen und zu ihm

sagen: Vater, ich habe gegen Gott im Himmel und gegen dich gesündigt. Ich bin nicht mehr wert, dein Sohn zu sein; mach mich zu einem deiner Tagelöhner!

Dann brach er auf und ging zu seinem Vater. Der sah ihn schon von weitem kommen, und er hatte Mitleid mit ihm. Er lief dem Sohn entgegen, fiel ihm um den Hals und küßte ihn. Da sagte der Sohn: Vater, ich habe gegen Gott im Himmel und gegen dich gesündigt; ich bin nicht mehr wert, dein Sohn zu sein. Der Vater aber sagte zu seinen Knechten: Holt schnell das beste Gewand und zieht es ihm an, steckt ihm einen Ring an die Hand und zieht ihm die Schuhe an. Bringt das Mastkalb her und schlachtet es, wir wollen ein Festmahl feiern. Mein Sohn war tot und lebt wieder; er war verloren und ist wiedergefunden. Und sie begannen, ein fröhliches Fest zu feiern.

Der verlorene Sohn (Chr. Rohlfs)

Sein älterer Sohn war unterdessen auf dem Feld. Als er heimging und in die Nähe des Hauses kam, hörte er Musik und Tanz. Da rief er einen der Knechte und fragte, was das zu bedeuten habe. Der Knecht antwortete: Dein Bruder ist gekommen, und dein Vater hat das Mastkalb schlachten lassen, weil er ihn heil und gesund wiederbekommen hat. Da wurde er zornig und wollte nicht hineingehen. Sein Vater aber kam heraus und redete ihm gut zu. Doch er erwiderte dem Vater: So viele Jahre schon diene ich dir, und nie habe ich gegen deinen Willen gehandelt, mir aber hast du nie auch nur einen Ziegenbock geschenkt, damit ich mit meinen Freunden ein Festmahl feiern konnte. Kaum aber ist dein Sohn gekommen, der dein Geld mit Dirnen durchgebracht hat, da hast du für ihn das Mastkalb geschlachtet. Der Vater antwortete ihm: Mein Kind, du bist immer bei mir, und alles, was ich habe, gehört auch dir. Heute aber müssen wir ein Fest feiern und uns freuen; denn dein Bruder war tot und lebt wieder; er war verloren und ist wiedergefunden worden.

nach Lk 15,11–32

Der Evangelist Lukas spricht im Gleichnis vom barmherzigen Vater von der Freude der Umkehr zu Gott:

- Gott ist zu uns Menschen wie ein guter Vater;
- er wendet sich uns zu, auch wenn wir uns durch Schuld und Sünde von ihm losgesagt haben;
- er will, daß alles wieder gut wird zwischen ihm und uns;
- er verzeiht uns und vergibt uns unsere Schuld, wenn wir unsere Fehler bekennen und reumütig zu ihm zurückkehren.

Wer umkehrt, wird sich bemühen, bei den Menschen das wiedergutzumachen, wodurch er schuldig geworden ist. Er wird seine Sünden bereuen und bei Gott Vergebung finden.

Alle guten Werke der Umkehr kommen aus der inneren Gesinnung des Herzens:
- aus der Reue,
- dem guten Vorsatz,
- dem Willen zur Wiedergutmachung.

Nachlaß, Vergebung und Verzeihung unserer Sünden schenke uns der allmächtige und barmherzige Gott.

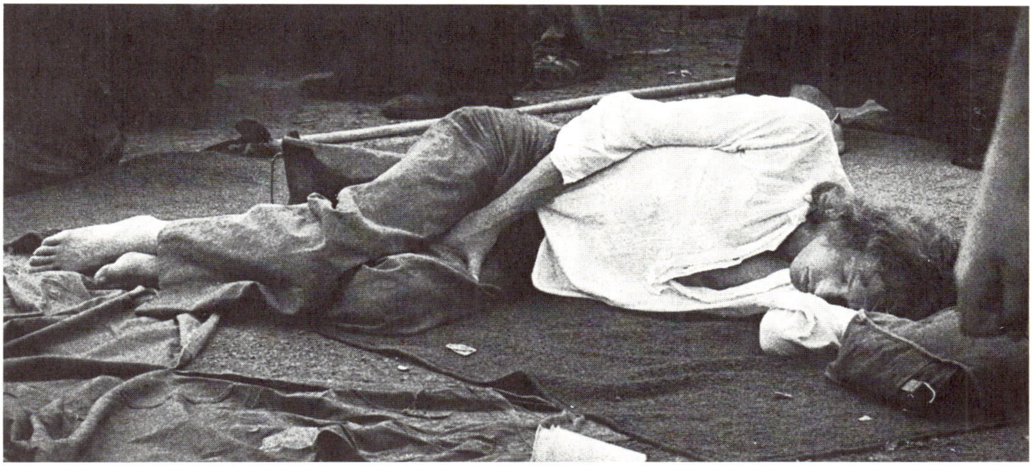

Verloren?

Der Apostel Paulus sagt:

Legt die Lüge ab, und redet untereinander die Wahrheit; denn wir sind als Glieder miteinander verbunden. Laßt euch durch den Zorn nicht zur Sünde hinreißen! Die Sonne soll über eurem Zorn nicht untergehen. Gebt dem Teufel keinen Raum! Der Dieb soll nicht mehr stehlen, sondern arbeiten und sich mit seinen Händen etwas verdienen, damit er den Notleidenden davon geben kann. Über eure Lippen komme kein böses Wort, sondern nur ein gutes, das den, der es braucht, stärkt und dem, der es hört, Nutzen bringt. Beleidigt nicht den Heiligen Geist Gottes, dessen Siegel ihr tragt für den Tag der Erlösung. Jede Art von Bitterkeit, Wut, Zorn, Geschrei und Lästerung und alles Böse verbannt aus eurer Mitte! Seid gütig zueinander, seid barmherzig, vergebt einander, weil auch Gott euch durch Christus vergeben hat.
Eph 4,25–32

Nehmen wir Gottes Liebe an?

Gott, der gute Vater, ist immer bei uns. Er liebt uns. Wir zeigen Gott unsere Liebe, indem wir oft an ihn denken, ihn anbeten und ihm Dank sagen.

Wir sollen seine Liebe weitergeben und anderen Menschen Freude machen. Dies tun wir, wenn wir uns untereinander helfen, füreinander da sind und zueinander gut sind.

Aber nicht immer tun wir, was Gott will. Wir Menschen schenken einander nicht nur Freude und Liebe; wir sind auch böse zueinander und leben oft in Zank und Streit miteinander. Wir sind oft schuld daran, daß die Menschen Gottes Liebe nicht erkennen.

Wir bringen Leid in die Welt.
Gott will aber, daß auch heute seine Liebe unter den Menschen sichtbar wird. In der Heiligen Schrift mahnt er uns zu Umkehr und Buße. Durch das Leben heiliger Menschen stellt er gute Beispiele vor uns hin.

Buße
- **das ist die innere Umkehr des Menschen;**
- **das ist Abkehr von der Sünde;**
- **das ist Heimkehr zu Gott.**

Das bedeutet:
- Wir hören auf Gottes Wort.
- Wir schauen auf das Beispiel Jesu Christi, der Heiligen und guter Menschen, die Jesus Christus nachgefolgt sind.
- Wir prüfen unser Leben.
- Wir bekennen unsere Schuld.
- Wir bitten um Vergebung.
- Wir verzeihen einander.
- Wir sind bemüht, angerichteten Schaden wiedergutzumachen.
- Wir fangen neu an, nach dem Willen Gottes zu leben.

In der Buße nehmen wir Gottes Liebe an.

Wir glauben:

Gottes Liebe ist größer als alle Schuld.

Wir empfangen das Sakrament der Buße

In besonderer Weise schenkt Gott uns seine verzeihende Liebe im Sakrament der Buße. Es ist in der Kirche das heilige Zeichen, daß Gott den Menschen nicht verlorengehen läßt. Er bietet dem Sünder einen neuen Anfang an.

- **Gott spricht den Menschen im Gewissen an;**
- **der Mensch antwortet in Reue;**
- **der Mensch bekennt seine Sünden;**
- **die Kirche spricht ihn von seinen Sünden los;**
- **der Mensch macht sich auf, ein neues Leben zu beginnen.**

Die Kirche hat von Jesus Christus den Auftrag erhalten, dieses österliche Geschenk der Versöhnung weiterzugeben.

Der Evangelist Johannes berichtet vom Abend des Auferstehungstages:

Am Abend dieses ersten Tages der Woche, als die Jünger aus Furcht vor den Juden die Türen verschlossen hatten, kam Jesus, trat in ihre Mitte und sagte zu ihnen: Friede sei mit euch! Nach diesen Worten zeigte er ihnen seine Hände und seine Seite. Da freuten sich die Jünger, daß sie den Herrn sahen. Jesus sagte noch einmal zu ihnen: Friede sei mit euch! Wie mich der Vater gesandt hat, so sende ich euch. Nachdem er das gesagt hatte, hauchte er sie an und sprach zu ihnen: Empfangt den Heiligen Geist! Wem ihr die Sünden vergebt, dem sind sie vergeben; wem ihr die Vergebung verweigert, dem ist sie verweigert.
Joh 20,19–23

Allen Menschen, die umkehren und wieder neu in Gottes Liebe leben wollen, zeigt die Kirche durch das Sakrament der Buße:

- Gott verzeiht dir;
- Gott nimmt dich als lebendiges Glied seiner Kirche wieder an;
- Gott versöhnt dich mit allen Gläubigen in der Gemeinschaft der Kirche.

Wer das Bußsakrament empfangen will, der muß

- sich **b**esinnen und sein Gewissen erforschen;
- seine Schuld **b**ereuen;
- den Willen haben, sich zu **b**essern;
- die Sünden aufrichtig **b**ekennen;
- bereit sein, für seine Sünden zu **b**üßen und den angerichteten Schaden wiedergutzumachen.

Dann kann der Priester im Auftrag Jesu Christi sprechen:

Gott, der barmherzige Vater, hat durch den Tod und die Auferstehung seines Sohnes die Welt mit sich versöhnt und den Heiligen Geist gesandt zur Vergebung der Sünden. Durch den Dienst der Kirche schenke er dir Verzeihung und Frieden. So spreche ich dich los von deinen Sünden im Namen des Vaters und des Sohnes und des Heiligen Geistes. Amen.

So können wir beichten

Beginne mit einem Gebet

*Gott,
ich komme zu dir.
Denn ich weiß:
Du schaust mit Liebe auf mich.
Du siehst, was gut ist in meinem Leben.
Du siehst auch, was ich falsch mache.*

*Du kennst mich genau.
Vor dir kann ich ehrlich sein.
Dir kann ich alles sagen.
Du vergibst mir.
Deshalb komme ich zu dir.*

Jetzt überlege

Du stehst vor dem heiligen Gott.
*Gott freut sich, daß du gekommen bist.
Er hat auf dich gewartet.
Er liebt dich.
Er will dir verzeihen.
Deswegen hat er Jesus zu uns Menschen gesandt.
Gott liebt dich.
Denkst du auch daran?
Dankst du ihm?
Wann betest du?
Gott ruft uns am Sonntag zur Kirche.
Kommst du immer, wenn du kannst?
Hilfst du mit,
daß die Messe gut und schön gefeiert werden kann?
Oder störst du?*

Du lebst nicht allein.
*Um dich sind viele Menschen –
die Eltern und Geschwister,
die Spielkameraden und Mitschüler,
die Lehrer und viele andere Erwachsene.
Wir wollen gut miteinander auskommen.*

*Hast du auf deine Eltern gehört? Warst du ungehorsam?
Hast du geholfen, wenn du gebraucht wurdest?
Hast du gemerkt, wenn andere traurig waren, und sie getröstet?
Hast du andern eine Freude gemacht?
Hast du mit andern geteilt?*

*Hast du um Verzeihung gebeten, wenn du etwas falsch gemacht hast?
Hast du andern vergeben, die dich gekränkt haben?*

Wir wollen einander nicht schaden.

*Hast du dich bemüht, rein und schamhaft zu leben?
Bist du oft trotzig? zornig?
Hast du jemand etwas nicht gegönnt? Etwas weggenommen?
Oder absichtlich kaputtgemacht?
Hast du andere belogen und betrogen?
Warst du ein Spielverderber?
Hast du in der Schule gestört?*

Dies sind einige Hinweise, die dir helfen können, dein Gewissen zu erforschen. Die Gewissenserforschung ist eine ganz persönliche Sache. Deshalb prüfe sich jeder, was in seinem Leben vor Gott und den Mitmenschen gut oder böse war und was er Gutes hätte tun sollen. Dazu kann ein Gewissensspiegel (Beichtspiegel) helfen.

Für einen Gewissensspiegel gibt es deshalb auch keine feste Form. Man kann bei der Gewissenserforschung z. B. nach den Zehn Geboten und den fünf Weisungen der Kirche vorgehen, oder man überdenkt sein Verhalten in den wichtigsten Lebensbereichen: in Familie, Kirche, Schule und in anderen Gemeinschaften.

Ein Gewissensspiegel kann nie das ganze Leben des einzelnen erfassen. Deshalb soll sich jeder darum bemühen, eine für sein Leben und für sein Alter geeignete Form der Gewissenserforschung zu finden. Anregungen dazu findest du im Gotteslob, Seite 118–141.

Bitte Gott um Verzeihung

Guter Gott!
Ich möchte gut sein.
Ich möchte tun, was du willst.
Ich möchte den anderen helfen.
Ich habe es nicht immer fertiggebracht.
Verzeih mir!

Guter Gott!
Du hast mir soviel Schönes geschenkt.
Ich möchte dankbar sein.
Leider habe ich viel zuviel an mich selbst gedacht.
Verzeih mir!

Guter Gott!
Ich habe Böses angestellt und kann nicht alles gutmachen.
Jesus hat das Böse besiegt.
Er ist am Kreuz für mich gestorben und hat sein Blut vergossen zur Vergebung der Sünden.
Verzeih mir!

Guter Gott!
Ich darf dir helfen, den anderen Menschen deine Liebe zu zeigen.
Ich nehme mir vor: ....

(Fasse hier deinen eigenen Vorsatz!)

Hilf mir dabei!
Amen.

Laß dich nicht vom Bösen besiegen, sondern besiege du das Böse durch das Gute.
Röm 12,21

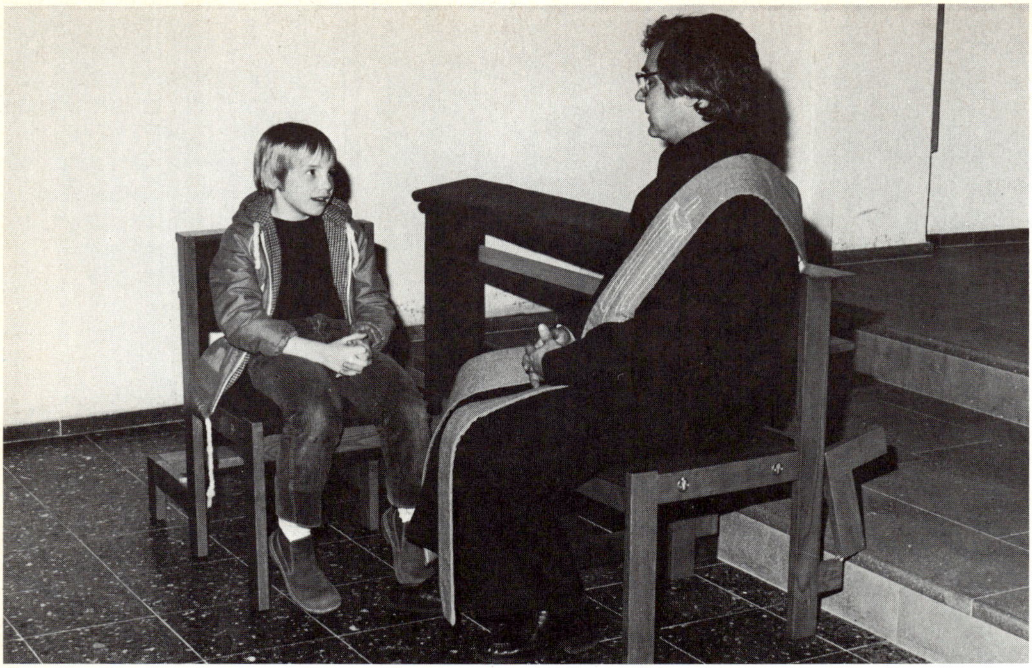

Beichtgespräch

Gott verzeiht dir

Jetzt geh zum Priester und sage:
„Meine letzte Beichte war vor . . . Ich bekenne meine Sünden."
Dann sag, was du dir überlegt hast. Wenn dir etwas nicht klar ist, frag den Priester.
Dann spricht der Priester mit dir. In diesem „Beichtgespräch" will er dir helfen, dich besser kennenzulernen. Du sollst merken, was Gott von dir will.
Er legt dir eine „Buße" auf, ein Gebet oder eine gute Tat. Dadurch kannst du zeigen, daß du Gott liebst und dich ändern willst.
Jetzt betet der Priester für dich, daß Gott dir die Sünden verzeiht. Dann gibt er dir im Auftrag Christi die Lossprechung.

Sprich ein Dankgebet

Verrichte, wenn es möglich ist, zuerst das Bußgebet.
Danke Gott mit eigenen Worten.
Du kannst auch das folgende Dankgebet sprechen:

Gott, mein Vater, du bist gut!
Du hast mir durch den Priester die Sünden vergeben. Ich bin so froh darüber.
Ich danke dir!

Jesus, du hast die Kinder zu dir gerufen und sie gesegnet.
Ich danke dir,
daß du mich wieder zum Vater geführt hast.
Du bist dem Vater gehorsam gewesen bis zum Tod am Kreuz.
Gib mir den Heiligen Geist, damit ich mutig und treu bin und meinen Vorsatz . . . nicht vergesse.
Ich will in deiner Liebe bleiben. Amen.

Aus Gotteslob Nr. 65

Wir wissen, daß kein Mensch ohne Sünde lebt. Darum lädt die Kirche ihre Gläubigen zur häufigen Beichte ein;
- die Beichte hilft uns, unsere Fehler besser zu erkennen und zu überwinden;
- sie schenkt uns Frieden mit Gott und den Menschen;
- sie stärkt uns in der Gewissensbildung und macht uns froh;
- sie trägt zur Vertiefung des Glaubens bei.

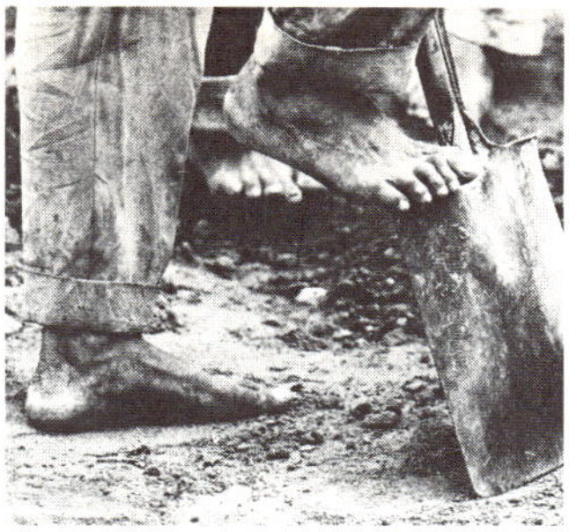

Immer neu anfangen

Gott, der gute Vater, vergibt jedem Sünder, der seine Schuld bereut und um Vergebung bittet.

Die Kirche kennt viele Möglichkeiten, von Gott Vergebung zu erlangen:

Bei der täglichen **Gewissenserforschung** können wir Gott, dem Vater, sagen, was wir nicht gut gemacht haben und wodurch wir unsere Mitmenschen verletzt und ihnen geschadet haben. Im Gebet bitten wir um Verzeihung und versprechen, daß wir bemüht sind, uns zu bessern. Dadurch sagen wir, daß wir bereit sind, Gottes versöhnende Liebe anzunehmen und daß wir uns auch wieder mit den Menschen versöhnen wollen.

Wir können beten:

Jesus, du hast gesagt, daß alle Menschen einander lieben sollen. Aber die Menschen haben dich nicht verstanden. Sie haben dich gekreuzigt.
Es ist oft so schwer, die anderen zu lieben, zu verstehen und ihnen zu helfen.
Wir tun den anderen oft weh.
Laß uns wieder gutmachen, was wir falsch gemacht haben.

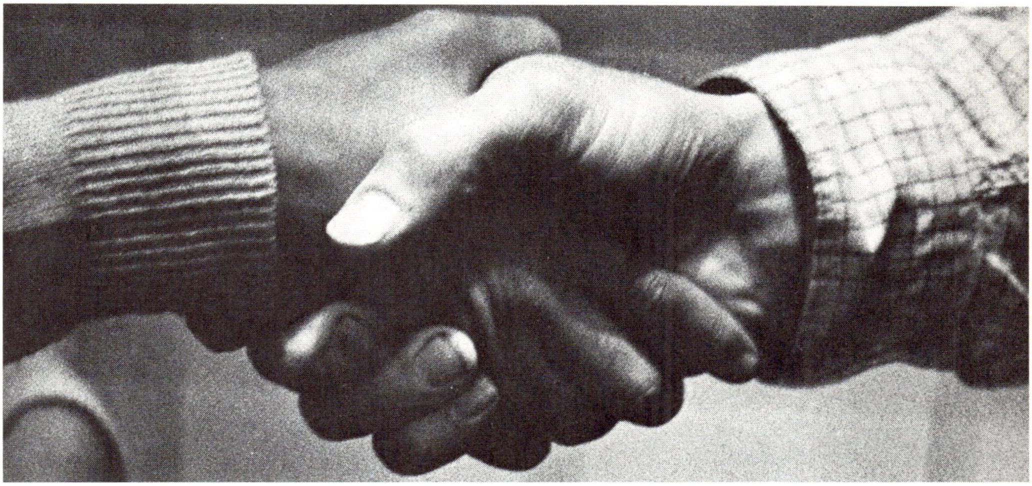

Wenn wir im **Vaterunser** beten: „Vergib uns unsere Schuld, wie auch wir vergeben unseren Schuldigern", dann sind wir überzeugt: Gott vergibt gern, aber er erwartet, daß auch wir denen vergeben, die uns unrecht getan haben.

Wenn ihr den Menschen ihre Verfehlungen vergebt, dann wird euer himmlischer Vater auch euch vergeben.
Wenn ihr aber den Menschen nicht vergebt, dann wird euch euer Vater eure Verfehlungen auch nicht vergeben.

Mt 6,14–15

Im **Bußgottesdienst** bekennen wir mit der ganzen Gemeinde unsere Schuld vor Gott. Gemeinsam besinnen wir uns und beten füreinander um Vergebung.

Guter Gott,
wir bekennen vor dir
und vor allen, die hier sind,
daß wir vieles falsch gemacht haben.
Oft waren wir nicht gut zueinander.
Wir haben nicht auf dich gehört.
Wir wollen umkehren zu dir.
Vergib uns unsere Schuld!
Hilf uns, daß wir alles wiedergutmachen.
Laß uns neu in deiner Liebe leben.
Laß uns neu deine Liebe weitergeben.
Mache uns und alle wieder froh.

Durch die Sünde entfernen wir uns nicht nur aus der Gemeinschaft mit Gott, sondern auch aus der Gemeinschaft der Menschen und der Kirche. Die Vergebung Gottes und der Mitmenschen führt uns zurück und läßt uns neu beginnen.

Gott, unser Vater, du vergibst die Sünden und schenkst uns deinen Frieden. Gib, daß wir stets einander unsere Schuld verzeihen und miteinander Frieden schaffen in der Welt. Darum bitten wir durch Christus, unsern Herrn.

Zu Beginn der **heiligen Messe** denken wir daran, wie wir vor Gott gelebt haben, und bitten durch das gemeinsame Schuldbekenntnis um Gottes vergebende Liebe.

→ Aufbau der heiligen Messe, S. 134

Der Priester spricht:
Der allmächtige Gott erbarme sich unser. Er lasse uns die Sünden nach und führe uns zum ewigen Leben.

Wenn wir die heilige Messe mitfeiern und unsere Sünden bereuen, verzeiht uns Gott durch die Teilhabe am Opfer Christi. Christus hat uns beim Letzten Abendmahl versprochen:

Das ist mein Leib, der **für euch** hingegeben wird.
Das ist mein Blut, das **für euch und für alle** vergossen wird zur Vergebung der Sünden.

Vor allem aber ist uns Vergebung zugesichert durch den **Empfang der Taufe,** des **Bußsakramentes** und der **Krankensalbung.**

Seid gütig zueinander, seid barmherzig, vergebt einander, weil auch Gott euch durch Christus vergeben hat.

Eph 4,32

Ertragt euch gegenseitig, und vergebt einander, wenn einer dem andern etwas vorzuwerfen hat. Wie der Herr euch vergeben hat, so vergebt auch ihr! Vor allem aber liebt einander, denn die Liebe ist das Band, das alles zusammenhält und vollkommen macht.
Kol 3,13–14

Von der Pflicht der Vergebung

Da trat Petrus zu ihm und fragte: Herr, wie oft muß ich meinem Bruder vergeben, wenn er sich gegen mich versündigt? Siebenmal? Jesus sagte zu ihm: Nicht **siebenmal,** sondern **siebenundsiebzigmal.**
Mt 18,21–22

Der Herr will uns sagen: Bist du bereit, jedem zu vergeben? Bist du stets bereit, zuerst die Hand zur Versöhnung zu reichen, auch einem, der dir Unrecht getan hat?

10. Christen leben in der Welt

Jesus verkündet das Gebot der Liebe

Wir Christen sind davon überzeugt, daß Gott jeden Menschen auf der Welt liebt. Sie sind alle seine Geschöpfe.
Gott, unser Vater, hat uns in der Taufe als seine Kinder angenommen und uns seine Liebe geschenkt.
Wir sollen seine Liebe erwidern, indem wir dem Beispiel Jesu folgen: Jesus nahm sich der Menschen an; er half den Armen, den Kranken, den Hungrigen und den Sündern; er wusch seinen Jüngern die Füße.
So hat er uns gezeigt, wie wir handeln sollen.

Was gehen mich die andern an?

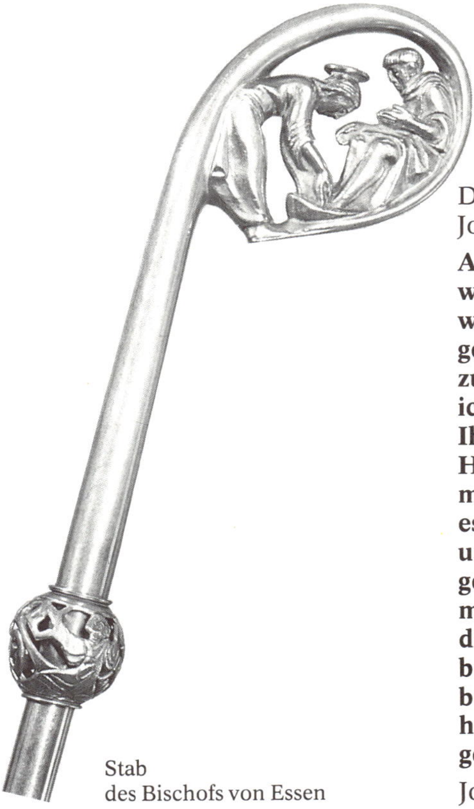

Stab
des Bischofs von Essen

Der Evangelist des Johannesevangeliums sagt:

Als er ihnen die Füße gewaschen, sein Gewand wieder angelegt und Platz genommen hatte, sagte er zu ihnen: Begreift ihr, was ich an euch getan habe? Ihr sagt zu mir Meister und Herr, und ihr nennt mich mit Recht so; denn ich bin es. Wenn nun ich, der Herr und Meister, euch die Füße gewaschen habe, dann müßt auch ihr einander die Füße waschen. Ich habe euch ein Beispiel gegeben, damit auch ihr so handelt, wie ich an euch gehandelt habe.

Joh 13,12–15

So wie Jesus sollen auch wir Gott und die Menschen lieben und seinen Auftrag erfüllen.

Niemand darf von dieser Liebe ausgeschlossen bleiben, nicht einmal die Feinde. Denn Christus hat gesagt:

Liebt eure Feinde und betet für die, die euch verfolgen, damit ihr Söhne eures Vaters im Himmel werdet, denn er läßt seine Sonne aufgehen über Bösen und Guten, und er läßt regnen über Gerechte und Ungerechte. Wenn ihr nämlich nur die liebt, die euch lieben, welchen Lohn könnt ihr dafür erwarten? Tun das nicht auch die Zöllner? Und wenn ihr nur eure Brüder grüßt, was tut ihr damit Besonderes? Tun das nicht auch die Heiden? Ihr sollt also vollkommen sein, wie es auch euer himmlischer Vater ist.

Mt 5,44–48

Ein Gesetzeslehrer fragte Jesus:

Meister, welches Gebot im Gesetz ist das wichtigste? Er antwortete ihm: Du sollst den Herrn, deinen Gott, lieben mit ganzem Herzen, mit ganzer Seele und mit all deinen Gedanken. Das ist das wichtigste und erste Gebot. Ebenso wichtig ist das zweite: Du sollst deinen Nächsten lieben wie dich selbst.

Mt 22,36–39

Diese Worte Jesu zeigen deutlich, was er von uns erwartet. Wir wissen, daß es nicht leicht ist, diese Erwartungen Jesu zu erfüllen. Wir müssen uns ständig darum bemühen. Aber immer, wenn es uns gelingt, erfahren wir Freude und bringen Freude in die Welt. Jesus sagt:

Richtet nicht, dann werdet auch ihr nicht gerichtet werden. Verurteilt nicht, dann werdet auch ihr nicht verurteilt werden. Erlaßt einander die Schuld, dann wird auch euch die Schuld erlassen werden. Gebt, dann wird auch euch gegeben werden. In reichem, vollem gehäuftem, überfließendem Maß wird man euch beschenken: denn nach dem Maß, mit dem ihr meßt und zuteilt, wird auch euch zugeteilt werden.

Lk 6,37–38

2. So gab der Herr sein Leben, / verschenkte sich wie Brot. / Wer dieses Brot genommen, / verkündet seinen Tod.
3. Wer dies Geheimnis feiert, / soll selber sein wie Brot; / so läßt er sich verzehren / von aller Menschennot.
4. Als Brot für viele Menschen / hat uns der Herr erwählt; / wir leben füreinander, / und nur die Liebe zählt.

T: Lothar Zenetti 1971
M: Johann Lauermann 1972

Christen sorgen für den Nächsten

Wir Menschen leben nicht allein. Oft sind wir auf andere Menschen angewiesen. Wir brauchen einander.

Nicht alle Menschen, mit denen wir zusammenleben, stehen uns gleich nahe. Am nächsten stehen uns Eltern und Geschwister. Wir wachsen mit Verwandten, Nachbarn, Freunden und Schulkameraden auf. Sie helfen uns in unserem Leben. Aber auch wir leben für andere. Wir sollen füreinander da sein, wir sind füreinander verantwortlich. Oft denken wir zu sehr an uns selbst. Wir denken vielleicht noch an die Menschen, die uns nahe stehen. Wir sehen nicht den andern, der uns braucht. Dazu hat Jesus uns die Beispielgeschichte vom barmherzigen Samariter erzählt.

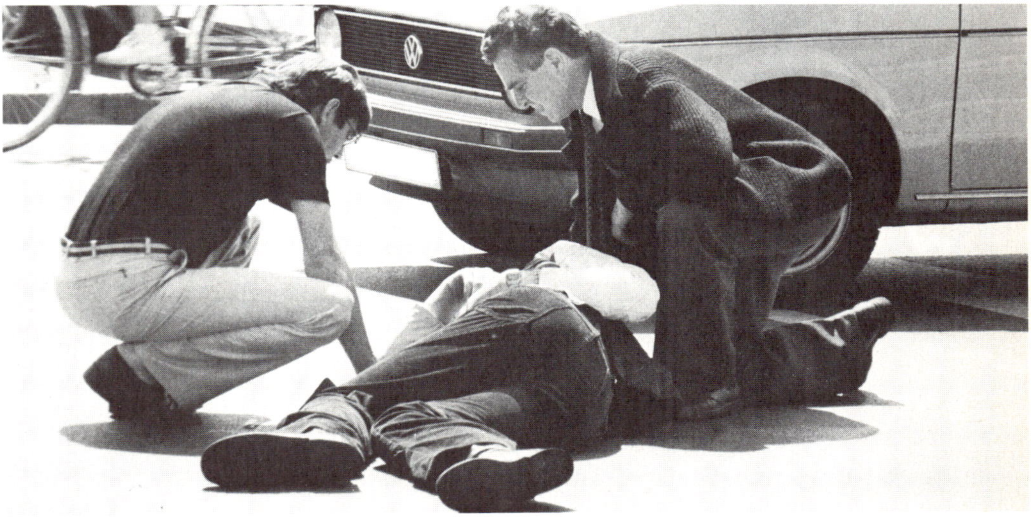

Ein Mann ging von Jerusalem nach Jericho hinab und wurde von Räubern überfallen. Sie plünderten ihn aus und schlugen ihn nieder; dann gingen sie weg und ließen ihn halbtot liegen. Zufällig kam ein Priester denselben Weg herab; er sah ihn und ging vorüber. Auch ein Levit kam zu dieser Stelle; er sah ihn und ging vorüber. Schließlich kam ein Mann aus Samarien, der auf der Reise war; als er ihn sah, wurde er von Mitleid ergriffen. Er ging zu ihm, goß Öl und Wein auf seine Wunden und verband sie. Dann hob er ihn auf sein Reittier, brachte ihn zu einer Herberge und pflegte ihn. Am anderen Tag holte er zwei Denare hervor, gab sie dem Wirt und sagte: Sorge für ihn, und wenn du mehr für ihn verbrauchst, werde ich es dir bezahlen, wenn ich wiederkomme.
Was meinst du: Wer von diesen dreien hat den Mann, der von den Räubern überfallen wurde, wie seinen Nächsten behandelt?
Der Gesetzeslehrer antwortete: Der, der barmherzig war und ihm geholfen hat. Da sagte Jesus zu ihm: Dann geh und handle ebenso.
Lk 10,30–37

Wer ist mein Nächster? Wer braucht meine Hilfe? Vielleicht ist es mein Nachbar, vielleicht ein hungerndes Kind, vielleicht ein Armer in einem fremden Land.

Jesus sagt uns:
Unser Nächster ist jeder, der uns braucht.

Täglich begegnen wir Menschen, denen wir helfen, denen wir gut sein können. Oft brauchen sie nicht materielle Hilfe, sondern unser freundliches Wort, unsere Zuwendung, unsere Liebe.

Es fällt uns vielleicht nicht schwer, für die Menschen dazusein, die wir kennen, die uns sympathisch sind, die uns nahe stehen. Christus erwartet von uns aber, daß wir uns auch für die Menschen einsetzen und denen helfen, die von allen verachtet werden und verlassen sind.

Jesus sagt:

Liebt einander, wie ich euch geliebt habe!

Joh 13,34

Der barmherzige Samariter (Buchmalerei, Ende 10. Jahrhundert)

Die **sieben Werke der Barmherzigkeit** fordern uns auf, die Not und Hilfsbedürftigkeit der anderen zu erkennen und zu lindern.

- **Hungrigen zu essen geben,**
- **Durstigen zu trinken geben,**
- **Nackte bekleiden,**
- **Fremde beherbergen,**
- **Gefangene erlösen,**
- **Kranke besuchen,**
- **Tote begraben.**

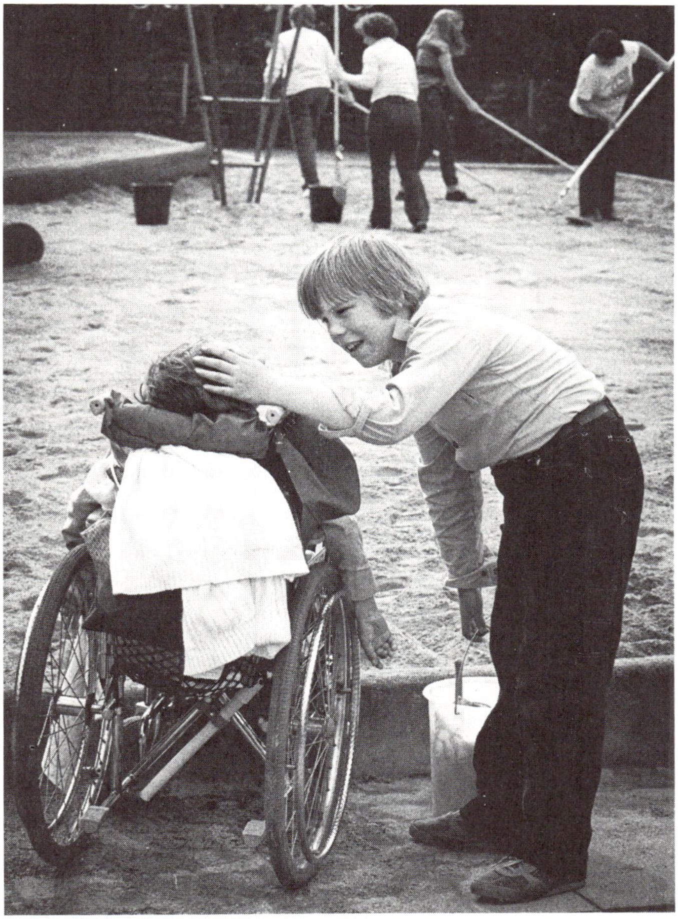

Hunger, Krankheit, Leid und Not gibt es überall. Wir sollen helfen, soviel wir können.

Darum sollen sich Christen bemühen,
- gegen jedermann gerecht zu sein,
- das Unrecht, das anderen geschieht, zu bekämpfen,
- erlittenes Unrecht nicht nachzutragen,
- die zu verteidigen, die sich selbst nicht wehren können,
- zwischen Streitenden Frieden zu stiften und mit allen im Frieden zu leben.

Wir beten:

Jesus,
überall haben Menschen
Hunger und Durst,
überall gibt es Menschen,
die krank und einsam
sind.
Sie warten auf ein Zeichen,
daß wir sie liebhaben.
Laß uns Ideen haben;
wie wir ihnen helfen
und ihnen
Freude machen können.

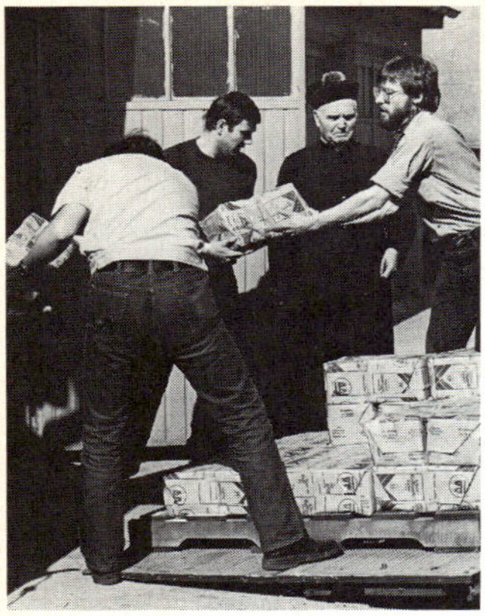

Christen helfen gemeinsam

Gegen die Armut und Not in der Welt kann ein einzelner nicht wirksam genug ankommen. In der Kirche gab es schon immer Menschen, die sich bemühten, einen Kreis von Helfern für gemeinsame Taten der christlichen Nächstenliebe zu gewinnen; zum Beispiel:
die heilige Elisabeth von Thüringen,
der heilige Vinzenz von Paul.
Heute gibt es in der Kirche zahlreiche Ordensgemeinschaften, Verbände und Organisationen, die versuchen, das Elend in der Welt zu lindern.
Berühmt geworden ist zum Beispiel Mutter Theresa von Kalkutta, die mit ihrer Gemeinschaft von Schwestern und Brüdern in aller Welt den Leidenden und Sterbenden beisteht.

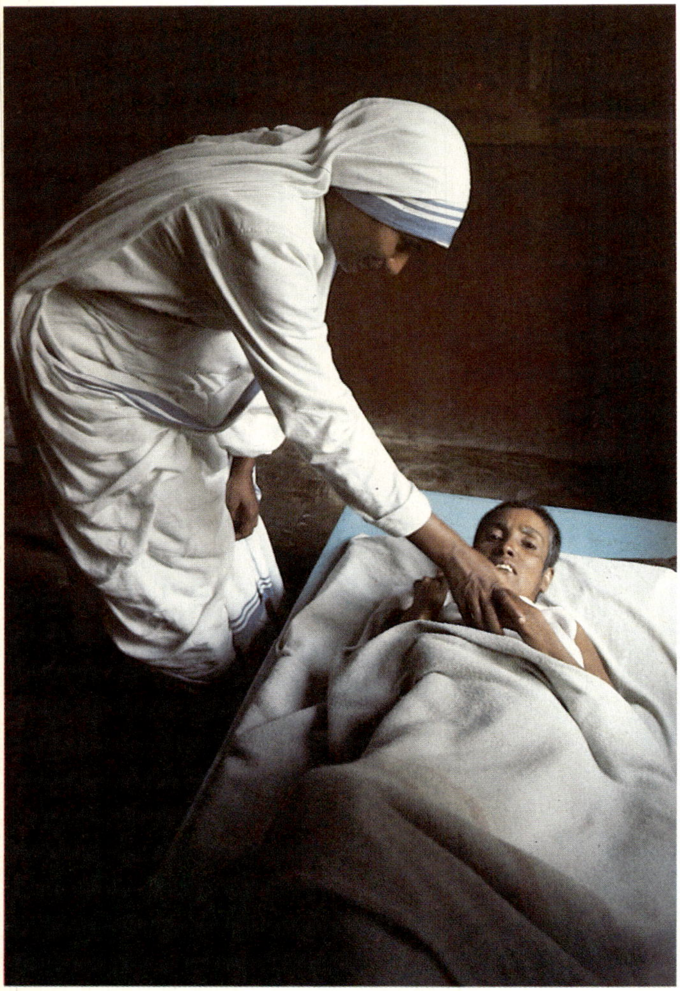

Paulus sagt:
Einer trage
des anderen Last;
so werdet ihr
das Gesetz Christi
erfüllen.
Gal 6,2

Die kirchlichen Hilfswerke

Missio
Hilfe für die Aufgaben in den Missionen
Misereor
Hilfe für die Entwicklungsländer
Adveniat
Hilfe für die Kirche in Südamerika
Caritas
Hilfe für die Notleidenden bei uns und in aller Welt

Eine Heilige der Nächstenliebe:
Elisabeth von Thüringen,
geboren 1207,
gestorben 1231,
Gedenktag: 19. November

Gott, du Vater der Armen, du hast der heiligen Elisabeth ein wachsames Herz für die Armen gegeben, in denen sie Christus erkannte und verehrte.
Auf ihre Fürsprache gib auch uns den Geist deiner Liebe, und leite uns an zu helfen, wenn Menschen in Not und Bedrängnis sind.

Elisabeth wurde in Ungarn geboren. Mit vier Jahren kam sie an den Hof des Grafen von Thüringen auf die Wartburg. Dort wuchs sie auf. Sie wurde schon als Kind mit dem Landgrafen Ludwig verlobt. Noch sehr jung an Jahren wird sie eine gute Gattin und Mutter. Bereits nach sechs Ehejahren stirbt ihr Mann 1227 auf einem Kreuzzug ins Heilige Land.

Weil sie sich der Armen und Rechtlosen annimmt, wird sie verachtet und gerät bald selbst in Not. Als sie endlich ihr Witwengut erhält, gründet sie in Marburg das Franziskuskrankenhaus, in dem sie selbst aufopferungsvoll Kranke und Verlassene pflegt. Dort stirbt sie schon mit 24 Jahren. Sie ist die Patronin der Caritas.

Darstellung der heiligen Elisabeth (Beate Heinen)

Nur der Gütige ist stetig und unbeirrbar.
Ewig wankend sind alle, die sich von Zorn und Leidenschaften fortreißen lassen.

Ein Heiliger der Armen und Kranken:
Vinzenz von Paul,
geboren 1581,
gestorben 1660;
Gedenktag: 27. September

Vinzenz stammte aus Südfrankreich, aus armen Verhältnissen. Er wurde Priester und strebte danach, wohlhabend zu werden. Bei einer Seefahrt fiel er türkischen Seeräubern in die Hände und wurde nach Tunis verkauft. Nach seiner glücklichen Heimkehr änderte sich sein Sinn. Er begegnete der Not, der Armut und Unwissenheit der einfachen Leute auf dem Land. Er half den Strafgefangenen und Flüchtlingen. Ihnen allen wandte er seine ganze Liebe zu. Niemand kann die unzähligen guten Werke des „Herrn Vinzenz" aufzählen. Er wurde der Gründer der Lazaristen, die Volksmissionen hielten. Zur Pflege der Armen, Kranken, Waisen und Hilflosen rief Vinzenz Frauen zu einer Genossenschaft der „Barmherzigen Schwestern" zusammen. So entstand der Orden der Vinzentinerinnen. Die besondere Sorge des heiligen Vinzenz galt der Heranbildung guter Priester. Vinzenz war ein Mensch der Güte und Liebe, ein Mann Gottes.

Bronzedenkmal des heiligen Vinzenz

Christen tragen Verantwortung für die Welt

Christen leben gleichzeitig in der Gemeinschaft des Staates und der Kirche. Deshalb tragen sie auch Verantwortung für ein geordnetes Zusammenleben der Menschen im Staat. Es ist eine wichtige Aufgabe des Staates, dafür zu sorgen, daß alle Menschen in Gerechtigkeit und Frieden leben können.

Das Gebot der christlichen Nächstenliebe verpflichtet uns, an dieser Aufgabe mitzuarbeiten:

- **Gesetze und Ordnungen des Staates zu beachten,**
- **dem Frieden zu dienen,**
- **Natur und Leben zu schützen,**
- **Verantwortung für andere zu übernehmen,**
- **das Wohl der Gemeinschaft zu fördern,**
- **bereit zu sein, in Notfällen zu helfen,**
- **mit den Gütern und Bodenschätzen der Erde sorgfältig und sparsam umzugehen.**

Das Zusammenleben fällt den Menschen nicht immer leicht. Oft verstehen und vertragen sie sich nicht und gönnen dem anderen nicht, was er hat. Manche fordern vorschnell vom Staat Hilfe, ohne die eigenen Möglichkeiten und Fähigkeiten zu nutzen.

Wer selber der Verantwortung ausweicht und alle Probleme den Behörden zuschiebt, der handelt nicht im Geiste christlicher Nächstenliebe und Verantwortung.

Der Apostel Paulus sagt:

Wir müssen als die Starken die Schwäche derer tragen, die schwach sind, und dürfen nicht für uns selbst leben. Jeder von uns soll Rücksicht auf den Nächsten nehmen, um Gutes zu tun und (die Gemeinde) aufzubauen. Denn auch Christus hat nicht für sich selbst gelebt.

Röm 15,1–3a

Täglich erfahren wir durch Rundfunk, Fernsehen und Tageszeitung, was in anderen Ländern und Erdteilen geschieht. Durch die modernen Verkehrsmittel sind die Völker enger miteinander verbunden. Wir dürfen deshalb unsere Augen nicht davor verschließen, wenn Hunger und Krankheit, Krieg und Ungerechtigkeiten, Zerstörungen und Naturkatastrophen die Menschen bedrücken.

Plastische Darstellung von Problemen unserer Zeit

Christen beten zu Gott, ihrem Vater, um den Frieden in der Welt und um das Wohl aller Menschen. Sie bemühen sich nach Kräften, Not und Elend, Unfrieden und Unglück in der Welt zu überwinden.

Herr,
laß das Böse geringer werden
und das Gute um so kräftiger sein.
Laß die Traurigkeit schwinden
und Freude um sich greifen.
Laß uns annehmen und geben können
und einander behilflich sein.
Laß die Mißverständnisse aufhören
und die Enttäuschten Mut gewinnen.
Laß die Kranken Trost finden
und die Sterbenden deine Erbarmung.
Laß uns wohnen können auf Erden
und die Ernten gerecht verteilen.
Laß Frieden unter den Menschen sein,
Frieden im Herzen – rund um die Erde.

Gotteslob 8,2

Eine Heilige des Friedens:
Hedwig, Herzogin von Schlesien
geboren 1174,
gestorben 1243;
Gedenktag: 16. Oktober

Allmächtiger Gott, du hast die heilige Herzogin Hedwig zu einer Botin des Friedens gemacht.
Hilf auf ihre Fürsprache auch uns, für Versöhnung und Frieden unter den Menschen zu wirken und dir in den Notleidenden zu dienen.

Wandbehang vom Leben der heiligen Hedwig

Hedwig stammt aus Andechs am Ammersee und wurde bereits mit 13 Jahren mit dem Herzog Heinrich I. von Schlesien, einem Polen, verheiratet. Sie wurde ihm und dem ganzen Land eine gute Frau und Mutter. Mit Umsicht und Tatkraft setzte sie sich für die Vertiefung des Glaubens und für die christliche Kultur ein.

Im Krieg gegen die Mongolen fiel Hedwigs Sohn Heinrich. Von ihren sieben Kindern war er der letzte, der ihr geblieben war. In ihren letzten Jahren lebte sie im Kloster Trebnitz als Witwe, ganz Gott und den Werken der Nächstenliebe zugewandt. Sie ist eine Heilige der Deutschen und der Polen.

Am Gedenktag der heiligen Hedwig, am 16. 10. 1978, wurde der polnische Kardinal Karol Wojtyla zum Papst gewählt: Johannes Paul II.

Alle Uhren zeigen die verrinnende Zeit unseres Lebens an.

11. Wir bleiben in Gottes Hand

Wir sind nur Gast auf Erden

Wir freuen uns, daß wir leben; wir wissen aber auch, daß dieses Leben einmal zu Ende geht.

Es gibt viele Ursachen des Todes: Unglücksfälle und Gewalttaten, Krankheiten und Altersschwäche. Keiner von uns weiß, wann und wo und wie er sterben wird.

Im 103. Psalm steht:

Wie ein Vater sich seiner Kinder erbarmt,
so erbarmt sich der Herr über alle,
die ihn fürchten.
Denn er weiß, was wir für Gebilde sind;
er denkt daran: Wir sind nur Staub.
Des Menschen Tage sind wie Gras,
er blüht wie die Blume des Feldes.
Fährt der Wind darüber, ist sie dahin;
der Ort, wo sie stand,
weiß von ihr nichts mehr.
Doch die Huld des Herrn
währt immer und ewig für alle,
die ihn fürchten und ehren.

Ps 103,13–17

2. Die Wege sind verlassen, / und oft sind wir allein. / In diesen grauen Gassen / will niemand bei uns sein.
3. Nur einer gibt Geleite, / das ist der Herre Christ; / er wandert treu zur Seite, / wenn alles uns vergißt.
4. Gar manche Wege führen / aus dieser Welt hinaus. / O daß wir nicht verlieren / den Weg zum Vaterhaus.
5. Und sind wir einmal müde, / dann stell ein Licht uns aus, / o Gott, in deiner Güte; / dann finden wir nach Haus.

T: Georg Thurmair 1935
M: Adolf Lohmann 1935

■ Den **Verstorbenen hat der Tod das Ende der Zeit gebracht, die Gott ihnen zugemessen hat.**

■ Uns **Lebenden** soll jeder Tod daran erinnern, daß wir auf dem Weg zum ewigen Leben sind.

■ Den **Angehörigen** eines Verstorbenen bringt der Tod den schmerzlichen Abschied. Sie haben die Hoffnung, daß der Verstorbene im Gericht Gottes Gnade gefunden hat.

Christen sind überzeugt:
Jesus Christus hat in seinem Sterben den Tod besiegt. Er hat in seiner Auferstehung den Zugang zum ewigen Leben geöffnet.
Alle, die an ihn glauben, dürfen hoffen, einst ewig dem Herrn zu gehören.

Jesus, dir leb' ich,
Jesus, dir sterb' ich,
Jesus, dein bin ich
tot und lebendig.

Das Begräbnis

Nach dem Tod segnet die Kirche den Verstorbenen und empfiehlt ihn der Barmherzigkeit Gottes.

Sie feiert die heilige Messe für den Toten. Sie bittet Gott, ihn von allen Sünden zu reinigen und ihn zum Festmahl des ewigen Lebens zu führen.

Beim Begräbnis ehren wir den toten Leib und geben ihn der Erde zurück. Am offenen Grab bekennt die Kirche den Glauben an die Auferstehung, nach dem Wort des Herrn:

Ich bin die Auferstehung und das Leben.
Wer an mich glaubt, wird leben,
auch wenn er stirbt,
und jeder, der lebt und an mich glaubt,
wird in Ewigkeit nicht sterben.

nach Joh 11,25–26

Am Schluß einer Beerdigung wird gebetet:

P. *Herr, gib ihm (ihr) und allen Verstorbenen die ewige Ruhe.*
A. *Und das ewige Licht leuchte ihnen.*
P. *Laß sie ruhen in Frieden.*
A. *Amen.*

So lebte er:

Im Glauben
an Jesus Christus
und seine Kirche
im Vertrauen
auf sein gnädiges Gericht.

Grabinschrift von Romano Guardini (1885–1968)

Gott urteilt gerecht

Es ist dem Menschen bestimmt zu sterben, und dann folgt das Gericht.

nach Hebr 9,27

In der Welt geschieht viel Böses. Manchmal fügen Menschen ihren Mitmenschen großes Unrecht zu.

Die Heilige Schrift spricht immer wieder davon, daß alle Menschen vor den Richterstuhl Gottes treten werden. Gott wird über die ganze Welt Gericht halten, das Gute belohnen, das Böse bestrafen; er wird barmherzig sein zu den Leidenden, zu den Armen und Schwachen, zu allen Menschen.

Am Tag des Gerichtes erwarten wir

- **die Wiederkunft des Herrn,**
- **die Auferstehung der Toten,**
- **die Vollendung des Reiches Gottes,**
- **unsere endgültige Erlösung.**

Wir nennen diesen Tag den letzten oder den Jüngsten Tag.

→ Gott vollendet sein Reich, S. 195

Von ihm sagt Jesus:

Jenen Tag und jene Stunde kennt niemand, auch nicht die Engel im Himmel, nicht einmal der Sohn, sondern nur der Vater.

Mk 13,32

Engel mit der Waage (Notre Dame, Paris)

Jeden einzelnen persönlich richtet der Herr in der Stunde seines Todes.

Im Gericht Gottes erkennt der Mensch, wie er auf Gottes Liebe in seinem Leben geantwortet hat. Er erfährt, ob er durch die Güte Gottes gerettet ist.

Der Apostel Paulus sagt:

Wir alle müssen vor dem Richterstuhl Christi offenbar werden, damit jeder seinen Lohn empfängt für das Gute oder Böse, das er im irdischen Leben getan hat.

2 Kor 5,10

Das Gute, das einer bis zum Tode nicht getan hat, kann er nicht nachholen; das Böse kann er nicht mehr gutmachen.

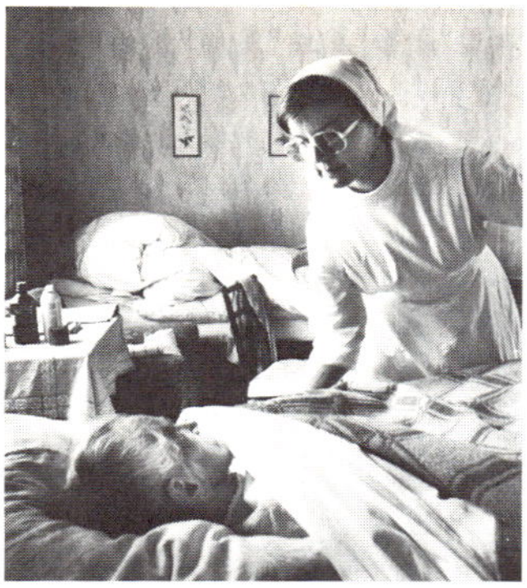

Wir hoffen im Sterben auf Gott

Was bleibt, wenn ein Mensch stirbt?
Im Sterben verlassen wir uns nicht auf unsere eigene Kraft, nicht auf unsere guten Werke, sondern auf Gottes Güte und Gnade, die er uns durch Jesus Christus geschenkt hat.

Wir Christen glauben, daß Jesus uns Menschen ein neues, unvergängliches Leben schenken wird. Er wird uns Anteil geben an seiner eigenen Osterherrlichkeit: mit Leib und Seele, verwandelt und verherrlicht.

Der Apostel Paulus sagt:

Was gesät wird,
ist verweslich;
was auferweckt wird,
ist unverweslich.
Was gesät wird,
ist armselig;
was auferweckt wird,
herrlich.
Was gesät wird,
ist schwach;
was auferweckt wird,
ist stark.
Gesät wird
ein irdischer Leib,
auferweckt ein
überirdischer Leib.
1 Kor 15,42–44

Christusbild (Maria Laach, 1912)

Von Gott erhoffen wir,

- **daß er uns aufnimmt und im Himmel geborgen sein läßt,**
- **daß er uns bewahrt vor dem ewigen Verderben der Hölle;**
- **daß er uns im Fegfeuer reinigt und läutert zum ewigen Leben.**

Himmel: Geborgen sein bei Gott

Das Wort Himmel bezeichnet oft nur den Raum über uns und um unsere Erde herum, wo Sonne, Mond und Sterne sind.

Wenn Christen das Wort Himmel sagen, meinen sie: geborgen sein bei Gott. Wir können den Himmel mit Worten nicht beschreiben.

Der Apostel Paulus sagt:
**Wir verkünden, wie es in der Schrift heißt,
was kein Auge gesehen
und kein Ohr gehört hat,
was keinem Menschen in den Sinn gekommen ist:
Das Große, das Gott denen bereitet hat, die ihn lieben.**
1 Kor 2,9

Jesus sagt: **Im Haus meines Vaters gibt es viele Wohnungen. Wenn es nicht so wäre, hätte ich euch dann gesagt: ich gehe, um einen Platz für euch vorzubereiten? Wenn ich gegangen bin und einen Platz für euch vorbereitet habe, komme ich wieder und werde euch zu mir holen, damit auch ihr dort seid, wo ich bin.**

Joh 14,2–3

Himmel bedeutet:

- am Ziel des Lebens sein,
- Gott in seiner Herrlichkeit schauen dürfen,
- selig sein in der Geborgenheit bei Gott,
- in der Gemeinschaft mit all denen leben, die durch Christus das Heil erlangt haben.

Alles Gute, das Menschen auf Erden begonnen haben, ist im Himmel vollendet.

Himmlisches Jerusalem (Paul Lankes)

Hölle:
Für immer fern sein von Gott

Gott will alle Menschen retten, aber er achtet die menschliche Freiheit. Die Hölle bereitet sich der Mensch selber, wenn er sich freiwillig und endgültig abwendet von Gott, in der Todsünde verharrt und so stirbt.

Wer seinen Mitmenschen gegenüber lieblos handelt und Gottes Liebe nicht erwidert, schließt sich selber aus von der seligen Begegnung mit Gott, von der Erlösung im Reiche Gottes, von der Gemeinschaft mit allen Heiligen: das bedeutet die Hölle. In ihr muß der Mensch alles entbehren, was sein Glück bedeuten würde, vor allem die ewige Gemeinschaft mit Gott.

Gott will für uns Menschen nicht die Hölle, sondern den Himmel.
Er will, daß wir für immer glücklich bei ihm leben.

Die Kirche betet:
Herr,
rette uns vor dem ewigen Verderben, und nimm uns auf in die Schar deiner Erwählten.
aus dem ersten Hochgebet der heiligen Messe

→ Weltgericht, S. 196

Fegfeuer:
Läuterung zum ewigen Leben

Nur Gott kennt die Menschen ganz. Er allein blickt in ihr Herz und durchschaut es.

Nicht alle Menschen sind bei ihrem Tod rein und reif genug für die ewige Gemeinschaft mit Gott, für den Himmel. Nicht alle Menschen sind aber auch so schlecht und böse, daß sie die Hölle verdienen.

Wir Christen glauben:

Der barmherzige und gerechte Gott kann uns Menschen nach dem Tod von sündhaften Schwächen und Fehlern läutern und reinigen. So können wir rein und reif werden, um Gott zu schauen.

Diesen Vorgang der Läuterung und Reinigung nennt man gewöhnlich „das Fegfeuer“. Das Wort Feuer erinnert daran, daß man auch Gold und Silber im Feuer läutert. Das Wort Fegen erinnert daran, daß wir Schmutz und Unrat aus unserem Haus hinausfegen. Wir wollen damit sagen, daß Gott uns – wenn auch unter Schmerzen – reinmachen kann. Er macht uns für die ewige, selige Gemeischaft mit ihm bereit.

Die „armen Seelen“ im Fegfeuer sind bereits gerettete Seelen. Sie bedürfen nur noch der Läuterung.

Die Kirche ruft uns zur Fürbitte für die Toten auf. Das fürbittende Gebet zeigt unsere Liebe zu den Toten und verbindet uns mit ihnen. Wir können ihnen darin in ihrer Läuterung beistehen.

An **Allerheiligen** (1. November) gedenkt die Kirche freudig aller, die das Ziel des Lebens erreicht haben und dankt Gott dafür.

An **Allerseelen** (2. November) gedenkt die Kirche fürbittend aller Verstorbenen, in der Hoffnung, daß Gott ihnen die Erlösung und den Frieden schenken wird.

Bild der Heiligen (Kloster Voronet, Rumänien)

Fürbitten für unsere Toten

Wir bitten dich: Führe sie und alle, die in Christus entschlafen sind, in das Reich der Verheißung, des Lichtes und des Friedens.

Herr Jesus Christus, du lädst uns alle ein zum Freudenfest des ewigen Lebens. Wir bitten dich für unsere Verstorbenen:

- *Schenke unseren Eltern und Geschwistern, unseren Verwandten und Freunden das Leben bei dir!*
- *Vergilt ihnen, was sie uns in ihrem Leben Gutes getan haben!*
- *Nimm an unser Gebet für unsere ganze Gemeinde, für unsere Priester und Lehrer, die für uns gewirkt haben!*
- *Schenke allen, die durch Unglück und Unfrieden, durch Gewalt und Verfolgung gestorben sind, die ewige Freude bei dir!*
- *Erbarme dich über alle, die heute aus dieser Welt scheiden müssen.*

Vater, wir bitten dich: Nimm alle unsere Verstorbenen auf in dein Reich, und schenke ihnen und uns dereinst die ewige Gemeinschaft mit dir – durch Christus unseren Herrn. Amen.

Gott vollendet sein Reich

Christen erwarten nicht für sich allein den Tag ihrer Erlösung. Sie erwarten die Vollendung der ganzen Welt. Alle Menschen und alle Welt sollen teilhaben an der Herrlichkeit des auferstandenen Christus, der wiederkommt, um alle Lebenden und Toten zu Gott zu führen.

Die Kirche betet:

Wenn die ganze Schöpfung von der Verderbnis der Sünde und des Todes befreit ist, laß uns zusammen mit ihr dich verherrlichen in deinem Reich durch unseren Herrn Jesus Christus. Denn durch ihn schenkst du der Welt alle guten Gaben.

aus dem Vierten Hochgebet der heiligen Messe

Wenn die Heilige Schrift vom Jüngsten Tag spricht, meint sie

- die Wiederkunft Christi,
- die Auferstehung der Toten,
- das Weltgericht,
- die Vollendung des Reiches Gottes in Herrlichkeit.

Wiederkunft des Herrn

Christus ist für alle gestorben. Er wird kommen, um alle zu richten. Das ist die Erwartung der Christen. Davon spricht unser Glaubensbekenntnis.

→ Das Glaubensbekenntnis, S. 11

Der Evangelist Lukas schreibt:

Es werden Zeichen sichtbar werden an Sonne, Mond und Sternen, und auf der Erde werden die Völker bestürzt und ratlos sein über das Toben und Donnern des Meeres. Die Menschen werden vor Angst vergehen in der Erwartung der Dinge, die über die Erde kommen; denn die Kräfte des Himmels werden erschüttert werden. Dann wird man den Menschensohn mit großer Macht und Herrlichkeit auf einer Wolke kommen sehen. Wenn (all) das beginnt, dann richtet euch auf, und erhebt eure Häupter; denn eure Erlösung ist nahe.
Lk 21,25–28

Wenn Christus wiederkommt, wird er das Wort erfüllen, das er zur Schwester des Lazarus gesprochen hat:

**Ich bin die Auferstehung und das Leben.
Wer an mich glaubt,
wird leben, auch wenn er stirbt.**
Joh 11,25

←
Erscheinung des Auferstandenen (Autun)

Weltgericht

Im Matthäus-Evangelium wird ein Bild des Weltgerichts geschildert:

Jesus sprach: Wenn der Menschensohn in seiner Herrlichkeit kommt und alle Engel mit ihm, dann wird er sich auf den Thron seiner Herrlichkeit setzen. Und alle Völker werden vor ihm versammelt, und er wird sie voneinander scheiden, wie der Hirt die Schafe von den Böcken scheidet. Er wird die Schafe auf seine rechte Seite, die Böcke aber auf seine linke Seite stellen.

Dann wird der König zu denen an seiner rechten Seite sagen: Kommt her, die ihr von meinem Vater gesegnet seid, nehmt das Reich in Besitz, das seit Erschaffung der Welt für euch bestimmt ist! Denn ich war hungrig, und ihr habt mir zu essen gegeben; ich war durstig, und ihr habt mir zu trinken gegeben; ich war obdachlos, und ihr habt mich aufgenommen; ich war nackt, und ihr habt mich bekleidet; ich war krank, und ihr habt mich besucht; ich war im Gefängnis, und ihr seid zu mir gekommen.

Dann werden die Gerechten antworten: Herr, wann haben wir dich hungrig gesehen und dir zu essen gegeben, oder durstig und dir zu trinken gegeben? Und wann haben wir dich obdachlos gesehen und dich aufgenommen, oder nackt und dich bekleidet? Und wann haben wir dich krank oder im Gefängnis gesehen und sind zu dir gekommen? Darauf wird der König ihnen antworten: Amen, ich sage euch: Was ihr für einen meiner geringsten Brüder getan habt, das habt ihr mir getan.

Dann wird er sich an die auf seiner linken Seite wenden und zu ihnen sagen: Weg von mir, ihr Verfluchten, in das ewige Feuer, das für den Teufel und seine Engel bestimmt ist! Denn ich war hungrig, und ihr habt mir nichts zu essen gegeben; ich war durstig, und ihr habt mir nichts zu trinken gegeben; ich war obdachlos, und ihr habt mich nicht aufgenommen; ich war nackt, und ihr habt mich nicht bekleidet; ich war krank und im Gefängnis, und ihr habt mich nicht besucht. Dann werden auch sie antworten: Herr, wann haben wir dich hungrig oder durstig oder obdachlos oder nackt oder im Gefängnis gesehen und haben dir nicht geholfen? Darauf wird er ihnen antworten: Amen, ich sage euch: Was ihr für einen dieser Geringsten nicht getan habt, das habt ihr auch mir nicht getan. So werden diese die ewige Strafe erhalten, die Gerechten aber das ewige Leben.

Mt 25,31–46

Das Weltgericht bringt den Sieg des Guten über alles Böse. Christus, der Herr und Erlöser, erweist endgültig seine göttliche Macht. Das bisher verborgene Reich Gottes kommt in Herrlichkeit.

Reich Gottes

Am Christkönigsfest bekennt die Kirche von Christus:
Wenn einst die ganze Schöpfung seiner Herrschaft unterworfen ist, wird er Gott, seinem Vater, das einzige, allumfassende Reich übergeben:
das Reich der Wahrheit und des Lebens,
das Reich der Heiligkeit und der Gnade,
das Reich der Gerechtigkeit, der Liebe und des Friedens.

Wir glauben an die Botschaft Jesu, daß Gott sein Reich errichten wird.

Wir beten:

Vater, dein Reich komme!

Das Reich Gottes bedeutet die Vollendung der Welt, das neue Leben der Menschen, die ewige Seligkeit in Gott.

Jerusalem
(Thomas Zacharias)

Für immer geborgen bei Gott

Unser Leben in der Welt kommt von Gott. Bei ihm allein kann es seinen Sinn und sein glückliches Ende finden. Im Sterben kehren die Menschen zurück zu ihm: zu seinem Gericht und zu seiner Barmherzigkeit.

Sie sollen ihr Heil finden in seinem Reich.

Das Reich Gottes wird auch genannt: „ein neuer Himmel und eine neue Erde", „die heilige Stadt, das neue Jerusalem". In ihm ist alles vollendet, was Gott in seiner Güte uns zugedacht hat. Er selbst wird unser Licht, unser Leben und unsere ewige Freude sein.

Darum können Christen getrost und froh leben. Sie brauchen nie zu verzagen. Sie haben eine Hoffnung, die ihnen niemand nehmen kann.

Der Christ kann immer beten:
Auf dich, o Herr,
habe ich
meine Hoffnung gesetzt.
In Ewigkeit werde ich
nicht zuschanden.

Jesus sagt:
Himmel und Erde werden vergehen,
aber meine Worte werden nicht vergehen.
Mt 24,35

In der Heiligen Schrift lesen wir:

Da hörte ich eine laute Stimme vom Thron her rufen: Seht, die Wohnung Gottes unter den Menschen! Er wird in ihrer Mitte wohnen, und sie werden sein Volk sein; und er, Gott, wird bei ihnen sein. Er wird alle ihre Tränen abwischen: Der Tod wird nicht mehr sein, keine Trauer, keine Klage, keine Mühsal. Denn was früher war, ist vergangen.

Er, der auf dem Thron saß, sprach: Siehe, ich mache alles neu.
Offb 21,3–5

Jesus spricht:

Ich stehe vor der Tür und klopfe an. Wer meine Stimme hört und die Tür öffnet, bei dem werde ich eintreten, wir werden Mahl halten, ich mit ihm und er mit mir.
Offb 3,20

In der Feier der heiligen Messe nehmen wir schon im voraus teil am Freudenmahl des Himmels.
In der Meßfeier kann der Priester darum schon jetzt vor der Spendung der heiligen Kommunion sprechen: „Selig, die zum Hochzeitsmahl des Lammes geladen sind".

Liebe den Herrn, deinen Gott,
hör auf seine Stimme,
und halte dich an ihm fest,
denn er ist dein Leben.
Dtn 30,20

Christus – Lehrer und Licht der Welt (Buchmalerei Köln, um 1000)

A

B

C

D

E

F

G

H

I

J

K

L

M

N

O

P

R

S

T

U

V

W

Z

Bildnachweis

Titelbild: Gruner + Jahr, Hamburg (Krainer)
A. D. A. G. P., Paris & Cosmopress, Genf S. 19, 120
Anthony Verlag, Starnberg S. 69 u.
ars liturgica, Kunstverlag Maria Laach S. 24, 26 u., 36 (o., u.: Zodiaque, St. Leger Vanbau), 40 u., 41, 43, 49, 51, 53, 59, 69 o., 72, 105, 144, 148, 153, 162, 171 (Kettenberger), 176, 179, 186 (2×), 189 u., 199
Bayer. Staatsbibliothek, München S. 63 u.
Beuroner Kunstverlag, Beuron S. 29
Rudolf Büder, München S. 21, 25 o., 37, 38
Foto-present, Essen S. 15 (Vollmer), 16 (o.: Prinzenberg, u.: Otto), 18 (o.: Kunst), 20 (o.: Vollmer, u.: Herzog), 28 (l.: Klijn, M.: Heinemann, r.: Vollmer), 32 (Stein), 33 (Hildenhagen), 35 (Werners), 39 (Vollmer), 40 (o.: Christoph), 44, 45 (Klijn), 46 (Herzog), 47 (Otto), 50 (Kunst), 52 (M. l.: Radtke, m. r.: Gelpke, u. l.: Herzog, u. r.: Heinemann), 55 (Melters), 57 (o.: Herzog), 58 (o.: Klijn, m.: Vollmer, u.: Schneider), 60 (Werners), 63 (o.: Klijn), 64 (Zeidler), 65 (Werners), 66 (Werners), 67 (Klijn), 71 (o.: Herzog, u.: Stark), 74 (o.: Herzog, u.: Visum), 76 (o.: Vollmer, u.: Voss), 77 (o.: Herzog, u.: Kunst), 78 (o.: Kunst, u.: Herzog), 79 (Prinzenberg), 83 (Hendricks), 84 (Werners), 85 (Kunst), 86 (Christoph), 87 (Herzog), 88 (Werners), 89 (2× Fesseler), 90 (o.: Voss, M.: Prinzenberg, u.: Kunst), 91 (Herzog), 93 (Vollmer), 94 (Melters), 95 (Herzog), 96 (Kunst), 98 (o.: Lachmann, u.: Herzog), 100 (Herzog), 101, 102 (Herzog), 103 (Herzog), 106 (o. l.: Heinemann, o. r.: Herzog), 106 (o. l.: Kunst, o. r.: Hendricks, M.: Heinemann), 111 (Kunst), 113 (o.: Otto, u.: Zeidler), 114 (2× Zeidler), 115 (Voss), 117 (o.: Klijn), 118 (o.: Herzog), 119 (Hendricks), 122, 123 (o.: Herzog, u.: Vollmer), 125 (Stark), 126 (Klijn), 127 (Prinzenberg), 131 (o.: Radtke, u.: Voss), 133 (o.: Stark, u.: Herzog), 134 (Vollmer), 135 (Stark), 136 (Herzog), 137 (o.: Vollmer, m.: Vollmer, u.: Kunst), 138 (Heinemann), 139 (Herzog), 140 (Heinemann), 141 (l.: Christoph, r.: Stark), 142 (Voss), 145 (Radtke), 146 (kunst), 147 (Heinemann), 152 (Lachmann), 156 (o.: Klijn, u.: Voss), 157 (o.: Werners, u.: Kunst), 159 (Knodt), 162 (Helmholz), 164 (Hendricks), 165 (Kunst), 166 (Voss), 167 (Herzog), 168 (Voss), 169 (o.: Heinemann, u.: Christoph), 175 (Kunst), 177 (o.: Hildenhagen, u.: Kunst), 178 (o.: Radtke, u.: Herzog), 182 (Herzog), 185 (o.: Voss, u.: Herzog), 187 (Gelpke), 188 (Werners), 189 (o.: Heinemann), 193 (Stark), 195 (Vollmer
Gruner + Jahr, Hamburg S. 14 (Friedel), 56 (Hayo), 62, 116 (Winkler), 130 (Bauer), 158 (Uthoff), 172 (Riedmiller), 184 (Harker), 181 (u.: Breedveld)
Gundermann, Würzburg S. 52 o.
Walter Habdank S. 151 (Kösel Verlag, München)
Herder Verlag, Freiburg S. 73, 118 u., 129
Robert Holder, Bad Urach S. 112
Paul Lankes, Passau S. 191
Gerhard Marcks, Köln S. 25 u.
Matthias Meussen, Essen S. 30, 148
Missio, Aachen S. 27
Lothar Nahler, Hillesheim S. 117 u.
Wilhelm Nyssen, Köln S. 10, 42
Werner Otto, Oberhausen S. 56 u.
Pattloch Verlag, Aschaffenburg S. 104, 106 u. l. + u. r.
Pater S. Schneider, Abtei Seckau S. 75
Toni Schneiders, Lindau S. 17 (2×)
Reinhold Schönemund, Bonn S. 173 o.
Richard Seewald S. 18 u., 26 o. (aus: Seewald/Goldbrunner „Kleine Bilderbibel“, Herder Verlag, Freiburg)
Slomifoto, Essen S. 92, 173 u., 183
Emil Späth, Köln S. 143
D. Thomassin, Trier S. 99
Thomas Zacharias S. 22, 161, 197 (aus: „Farbholzschnitte zur Bibel“, Kösel Verlag, München)
ZEFA, Düsseldorf S. 110 (Pfaff)
S. 180 aus: Schnell/Loose „Die Armen sind unsere Herren“, Christophorus Verlag, Freiburg
Alles andere Verlagsarchiv